„Mein Leben heißt helfen“

Bruno Gröning

„Mein Leben heißt helfen“

Biographie über Bruno Gröning
von
Thomas Eich

BAND 1
LEBENSPRAKTIKUM

1906 - 1949
Danzig, Krieg und Dillenburg

Bruno Gröning - Freundeskreis

Dieses Buch ist ein unverkäufliches Exemplar vom Bruno Gröning-Freundeskreis, das auf freiwilliger Spendenbasis abgegeben wurde.

1. Auflage 2006

Fasanenweg 12 • 53773 Hennef/Sieg
Tel.: +49 (0) 22 42/90 11 99 • Fax: +49 (0)22 42/90 12 33
E-Mail: Info@bruno-groening.de • Internet: www.bruno-groening.org

Gesamtherstellung:
Offizin Andersen Nexö Leipzig, 04442 Zwenkau
Germany

ISBN 10: 3-933344-53-0

ISBN 13: 978-3-933344-53-3

Inhalt

Vorwort

Das Jahr 1949 war für Deutschland schicksalhaft. Bundesrepublik und DDR wurden gegründet und die Einbindung in die Ost-West-Blöcke besiegelt. Die Währungsreform legte den Grundstein für das spätere Wirtschaftswunder und der erste Bundeskanzler wurde gewählt.

Doch die Schlagzeilen dieses Jahres füllte jemand anders. Seit März hatten sich im westfälischen Herford Dinge zugetragen, die weit über die Landesgrenzen hinaus für Aufsehen sorgten. Bruno Gröning, einem heimatvertriebenen Zimmermann aus Danzig, wurden unvorstellbare Heilungen nachgesagt. Die Meldungen der Sensationspresse überschlugen sich. Vom „Wunderdoktor von Herford" war die Rede, ein riesiges Elendsheer setzte sich in Bewegung und tausende Heilungssuchende pilgerten zum Herforder Wilhelmsplatz. Später waren es sogar bis zu 30.000 täglich, die den Rosenheimer Traberhof - eine weitere Wirkungsstätte Grönings - belagerten. Von unvorstellbaren Szenen war die Rede und eine Zeitung titelte sogar: „Mir bleibt der Verstand stehen. Bruno Gröning heilt Lahme, Blinde, Stumme".

Die Öffentlichkeit stand vor einem Rätsel. Das, was von diesem Mann berichtet wurde, war so unglaublich, dass nüchtern denkende Zeitgenossen es kaum ernstlich für wahr halten konnten. Auf der anderen Seite versicherten die Geheilten glaubhaft, dass Gröning sie von schweren, teils unheilbaren Leiden befreit habe.

Besonnene Kreise sprachen in Ermangelung stimmiger Erklärungen vom „Phänomen Gröning". Weniger besonnenere Kreise vorverurteilten ihn als Scharlatan, fanatische Anhänger sahen in ihm einen neuen Messias. Doch kaum jemand machte sich die Mühe, dem Geschehen um Gröning ernsthaft nachzugehen. Zu viele Interessen wurden durch das Geschehen berührt, persönliche, politische und die bestimmter Lobbys. So erhielt er z. B. in Nordrhein-Westfalen Heilverbot, wohingegen ihn die Behörden in Bayern zunächst gewähren ließen. Ein Blick hinter die Kulissen zeigt jedoch, dass dies nicht allein aus Wohlwollen für Gröning geschah, sondern auch aus politischem Kalkül.

Das vorliegende Buch ist der erste Band einer biographischen Reihe über Bruno Gröning, die sich sachlich mit dem Phänomen auseinandersetzen und die tatsächlichen Geschehnisse aufzeigen will. Dieser erste Band befasst sich mit den Jahren von 1906 bis 1949, also mit der Zeit, bevor Gröning in der Öffentlichkeit bekannt wurde. Kindheit und Jugend Grönings werden ebenso beleuchtet wie seine Zeit in Danzig, die Kriegszeit und die ersten Jahre nach seiner Vertreibung nach Westdeutschland. Dabei kommen verschiedene Zeitzeugen zu Wort und viele Quellen werden im Wortlaut wiedergegeben.

1. Teil Kindheit und Jugend

Als Bruno Gröning 1906 in Danzig geboren wurde, war die Familie Gröning bereits seit mehreren Generationen in Westpreußen und Danzig ansässig.

Die ehemalige Hansestadt an der Ostseeküste geht zurück auf eine am Motlau-Ufer gelegene slawische Burg, die zum ersten Mal 997 erwähnt wurde. Danzig erhielt als Hauptort des Herzogtums Pommerellen 1263 lübisches Stadtrecht, verfügte bald über ausgedehnte Handelsbeziehungen und wurde ein Hauptumschlagplatz im Fernhandel. 1308 kam es zum Deutschen Orden und wurde 1361 Mitglied der Hanse. 1454 trat die Stadt in ein Schutzverhältnis zum polnischen König und blieb dreieinhalb Jahrhunderte unter polnischer Oberhoheit. Um 1600 befand sich hier das größte Produktionszentrum Polens und bis zum beginnenden 18. Jahrhundert konnte Danzig seine führende Stellung im Ostseehandel behaupten. Im weiteren Verlauf des 18. Jahrhunderts brachten allerdings die Verlagerung der Handelswege sowie kriegerische Ereignisse einen Niedergang der Stadt. Sie wurde 1793 preußisch, 1807 durch Napoleon Freie Stadt

Danzig-Oliva Anfang des 20. Jahrhunderts

und 1814 wieder preußisch. Um 1900 war Danzig Hauptstadt von Westpreußen, Einfuhrhafen, Garnison und Beamtenstadt.

Die Grönings lebten in Oliva, einem Stadtteil in der Nähe des Meeres und der großen Wälder. Sie waren einfache Handwerksleute. Bis 1936 hießen sie eigentlich Grönkowski, wir bleiben aber von Anfang an bei Gröning. Der Großvater war Schmied, Vater August Maurerpolier. Er erfreute sich eines guten Rufs, war arbeitsam, hatte aber ein raues Wesen. Nicht selten trug er den Ärger vom Bau heim in die Familie, die er mit strenger Hand führte. Als Polier war er das Kommandieren gewohnt, und im Hause Gröning herrschten eiserne Regeln. So erhielt zum Beispiel derjenige, der zu spät zum Essen kam, entweder gar nichts mehr oder nur das, was übrig blieb.[1] Margarete Gröning, eine geborene Seidler, stammte ebenfalls aus einer Handwerkerfamilie. Im Gegensatz zu ihrem Mann war sie aber ruhig und hatte ein sanftes Wesen.

Die Geburt

Bruno Gröning wurde am 30. oder 31. Mai 1906 geboren. Der genaue Zeitpunkt ist nicht bekannt. Er selbst sagte einmal:

„Die Menschen wissen nicht, wann ich geboren bin.“

Die Familie Gröning hatte zu diesem Zeitpunkt bereits drei Kinder, drei weitere sollten noch folgen, so dass Bruno das vierte von sieben Geschwistern war.

Zum Zeitpunkt der Geburt war der Vater nicht zu Hause. August Gröning war zu einer nächtlichen Übung der freiwilligen Feuerwehr in den nahen Wald ausgerückt.[2] Er wähnte seine Frau, die immer schwere Geburten gehabt hatte, zu Hause in Kindbettnöten. Doch plötzlich stand sie vor ihm, war zu ihm in den Wald gelaufen und berichtete von der sonderbar leichten und völlig schmerzfreien Geburt eines Sohnes. Er war sprachlos.

Doch was seine Frau erfreute und beglückte, rief in ihm ein Gefühl der Furcht hervor. Er erschrak. Ihm wurde unheimlich zu Mute.

Er empfand nicht das Schöne, sondern bekam Angst vor dem Kind. Sein Sohn Georg schrieb später einmal, dass der Vater sich in seiner Unruhe in die Arme eines Geistlichen flüchtete.[3] August Gröning selbst erklärte kurz vor seinem Tod an Eides statt, dass sich bereits bei

Das Geburtshaus Bruno Grönings

der Geburt seines Sohnes Bruno gezeigt habe, dass es ein Kind mit besonderen Eigenschaften werden würde.[4]

Auch die Hebamme Frau Preuß bemerkte das Ungewöhnliche des Kindes. Sie schreckte vom Bett der Mutter zurück und sagte:

„Ich sehe einen Sonnenstrahl, welcher Mutter und Kind mit besonderer Helle überstrahlt."[5]

Immer wieder fragte sie:

„Was ist bloß los in eurer Familie?"

Der Sonderling

In der Folgezeit ereigneten sich immer wieder Begebenheiten, die das Außergewöhnliche des Jungen offenbarten. So schrieb Egon Arthur Schmidt in seinem Buch „Die Wunderheilungen des Bruno Gröning":

„Schon zu der Zeit, als der kleine Bruno in der Wiege lag und an ein Sprechen noch gar nicht zu denken war, geschahen die ersten wunderlichen Dinge. Davon ein Beispiel: Gelegentlich kam der Vater polternd nach Hause und schimpfte mit der Mutter und den älteren Geschwistern, als im Nebenraum, in dem nur die Wiege mit Bruno stand, plötzlich widerspruchsvolle Laute, fast zornige Stimmen vernehmbar wurden. Die Mutter wusste genau, dass nur der kleine Bruno in diesem Schlafraum war. Sie öffnete erschrocken die Tür um festzustellen, was dort etwa vor sich ginge. Sie fand den Kleinen ruhig in seiner Wiege liegen und die lauten Stimmen waren verstummt. Der Vater war danach wie umgewandelt. Still und behutsam ging er durch das Haus ...“[6]

Bruno Gröning mit den Eltern und einer Schwester.

Von Anfang an war Bruno Gröning anders als andere Kinder und wurde deshalb oft missverstanden und ungerecht behandelt. In der Familie wurde er „der Spinner“ genannt und erhielt oft Schläge. Besonders mit dem Vater kam er schlecht aus. Egon Arthur Schmidt schrieb weiter:

„... fast etwas wie Furcht schien ihn [den Vater] vor dem Knaben befallen zu haben. Diese Furcht übertrug sich auch auf die Geschwister, die in ihrer Unbeholfenheit, als Bruno schon größer geworden war, keinen anderen Ausweg wussten, als ihn hin und wieder zu züchtigen. Der eine der beiden Brüder schlug ihm einmal das Nasenbein entzwei.“[7]

Bruno Gröning selbst äußerte sich dazu in seinem Lebenslauf:

„Mein Verhältnis zum Elternhaus war daher sonderbar und gespannt. Ich strebte bald nach völliger Selbständigkeit, um aus der Umgebung des ‚Missverstandenseins’ meiner Familie herauszukommen.“[8]

Die Einzige, die sich um ihn sorgte und ihn in Schutz nahm, war seine Mutter.[9]

Seit seine Füße ihn tragen konnten, begann der kleine Bruno eigene Wege zu gehen. Die Zeitschrift „Revue“ schrieb dazu:

„Er lernte schon als Kind, das kaum sprechen konnte, die Einsamkeit [kennen]. Er lief von zu Hause fort und spielte mit den Haustieren, die ihm näher zu stehen schienen als seine eigenen Geschwister. [...] Der Kleine wurde ein Sonderling, wie man ihn unter den Arbeiterjungen der Ludolfingerstraße noch nie gesehen hatte. Er blieb tagelang verschwunden. Wovon er lebte, wusste niemand. [...] Bruno hungerte also tagelang. Man fand ihn zuweilen auf dem Friedhof, völlig allein. Manchmal sah man ihn dort beten.“[10]

Die Großmutter soll einmal gesagt haben:

„Was ist das nur für ein sonderbares Kind, dieser Bruno. Er sitzt immer für sich alleine. Er spielt nicht mit anderen Kindern, sondern sitzt immer in Gedanken. Was wird nur aus diesem Kinde werden?“[11]

Im Wald

Schon früh lief der kleine Bruno von zu Hause fort, um im Wald Schutz zu suchen vor den Menschen, die ihm so böse erschienen, ihn nicht verstanden und so hart behandelten. Die „Revue“ schreibt:

„Als er besser laufen konnte, entdeckte er den großen Wald, der in der Nähe der Mietskaserne lag. Er tauchte in ihm unter wie in einer riesigen geheimnisvollen Welt. [...] Manchmal sahen ihn Bekannte unter einem Strauch liegen und sorgfältig Gräser und Blätter beobachten. Gelegentlich sahen sie auch, dass er ein merkwürdig enges Verhältnis zu Eichhörnchen und anderen Tieren gewonnen hatte. [...] Einmal beobachtete ihn ein Mann, wie er versonnen hinter einem lahmenden Hund herging. Er spielte mit dem Tier, er streichelte es. [...] Das geschah an mehreren Tagen und schließlich lahmte der Hund nicht mehr. [...] Viele Tiere folgten ihm. Wenn sie krank dagelegen hatten, standen sie auf und liefen mit ihm in den Wald.“[12]

Immer wieder war es der Wald, der ihn magisch anzog. Hier, in der Ruhe der Natur, fand er das Gute. Hier fühlte er sich mit Gott verbunden. Hier war er glücklich. Die Tiere kamen zu ihm, oft solche, die in irgendeiner Form behindert waren. Er streichelte sie und sie wurden gesund.

Sein Bruder Georg schrieb dazu:

„Seine Lieblinge waren die Tiere, denen er schon in frühester Kindheit besondere Aufmerksamkeit schenkte.“[13]

Auf die Frage, was ihn in den Wald trieb, sagte Bruno Gröning selbst:

„Hier erlebte ich Gott. In jedem Strauch, in jedem Baum, in jedem Tier, ja selbst in den Steinen. Überall konnte ich stundenlang - es gab eigentlich keinen Zeitbegriff - stehen und sinnen und immer war es mir, als weitete sich mein ganzes inneres Leben bis in eine Unendlichkeit hinein."

Ein anderes Mal schrieb er über diese Zeit:

„Ich ging weiter und weiter und musste einen weiten Waldweg durchstreifen. Hier begegnete ich keinem Menschen, dafür aber desto mehr Tieren, Tieren aller Art. Diese waren anfangs sehr ängstlich, was mich ebenfalls sehr stutzig machte. Erst jetzt kam mir die Erkenntnis zwischen Gut und Böse. Ich ging weiter und weiter und habe hierbei ein ganz klares Bild. Die Natur, die Tiere, mich und die Menschen sah ich als ein göttliches Wesen auf dieser Erde, die ich auch als göttlich empfand. Hierbei erhielt ich den Gedanken:

Gott - und sagte so vor mir hin: Gott, wie ist es doch gut bei Dir, hier will ich immer bleiben. Zu Hause bei meinen Eltern, wie auch bei den anderen Menschen, ist es nicht so schön, auch nicht so ruhig. Die meisten Menschen sind sehr böse. Hier will ich bleiben und brauch' mich vor den bösen Menschen nicht mehr zu fürchten.

Darauf wurde mir klar, dass die Tiere sich auch der bösen Menschen wegen hier im Wald aufhalten. Es dauerte nicht lange und ich fühlte mich geborgen, besser als bei den Eltern im Hause, denn hier war ich nicht so alleine. Die Tiere haben plötzlich alle Scheu vor mir verloren, wurden sehr zutraulich, kamen zu mir, ließen sich streicheln. Ich sprach zu allen Tieren. Kurz, wir haben uns sehr gut verstanden, sie begleiteten mich durch den Wald und wir wurden immer größere Freunde.

So verblieb ich einige Tage und Nächte in dem Wald, bis ich von Menschen aufgegriffen und zu den Eltern gebracht wurde. Hier erhielt ich sehr viel grobe Schläge und wurde zu alledem in ein Zimmer eingesperrt. Der Schläge wegen habe ich niemals weinen können, da ich die Schläge nicht als Schmerz empfand, obwohl der Körper manchmal blau und grün geschlagen wurde. Jedenfalls dauerte die Gefangenschaft im Elternhause nicht lange, da ich sehr schnell und oft mich aus dieser befreite. Der Wald und meine Freunde, die Tiere, waren so stark, dass sie mich immer wieder zu sich anzogen."[14]

Ein grundlegendes Erlebnis

Im Alter von zweieinhalb Jahren hielt er es zu Hause nicht mehr aus. Er hatte nur den einen Wunsch, von dieser Erde und den bösen Menschen fortzukommen. Er lief wieder in den Wald und flehte Gott an, ihn hier wegzunehmen. Doch dann erhielt er eine Antwort, die sein ganzes Leben verändern sollte. Später beschrieb er es so:

„Als ich als Neubürger auf dieser Erde war, habe ich alles so scheußlich empfunden; ich wollte hier nicht bleiben. Ich sagte: ‚Gott' jetzt zu Ihm, sonst anders, ‚warum hast Du mich hierher gesandt? Ich will hier nicht bleiben, hier empfinde ich nur das Böse. Das kann nicht sein, ich will hier nicht sein.' Natürlich war ich nicht von Menschen umgeben. Sowie ich erst auf eigenen Füßen stehen, sowie ich sie mit meinen eigenen Bewegungen bewegen konnte, d. h. meinen Körper bewegen konnte, ging ich in den dicht daneben liegenden Wald, um alleine zu sein, von Menschen frei zu sein. Ich wollte nicht, ich wollte hier nicht bleiben. Ich sagte: ‚Nein, das kann nicht sein.' Ich habe Antwort

Bruno Gröning im Wald: „Hier erlebte ich Gott.
In jedem Strauch, in jedem Baum, in jedem Tier, ja selbst in den Steinen ..."

„... Überall konnte ich stundenlang - es gab eigentlich keinen Zeitbegriff - stehen und sinnen ...“

bekommen, gute Antwort. Ich habe auch gesagt: ‚Das habe ich nicht gewusst.' Und das Gleiche höre ich heute auch von meinen Mitmenschen, danach, so sie die Wahrheit erfahren: ‚Das habe ich nicht gewusst.' Ja, ich habe es auch anfangs nicht gewusst.

Ich sagte, wie scheußlich es doch hier ist, dass in den Menschen so viel Böses ist. In Tieren so viel Gutes, in den Pflanzen ist das wahre Göttliche, woran wir uns erfreuen können. Aber von hier ab, meine lieben Freunde, habe ich nicht mehr dagegen gesprochen. Von da ab bin ich mir bewusst, wozu ich hier bin. Von da ab habe ich gewusst, was hier meine Aufgabe ist. Ich stehe nicht im Dienste von Menschen, sondern nur im Dienste Gottes, mehr nicht. Ich tue auch nur das, was ich hier zu tun habe, obwohl Menschen das noch nicht so recht und richtig verstehen können. Schadet nichts, all das muss man auf sich nehmen."[15]

An anderer Stelle schrieb er:

„Zwischendurch erhielt ich öfters den Gedanken im Walde: Sind die Menschen nicht auch deine Freunde? Ja, warum laufe ich denn immer von den Menschen [weg]? Wieder eine Erkenntnis: Die Tiere fürchten das Böse in den Menschen, aber ich fürchte mich nicht, denn ich bin stärker als das Böse. Dass ich stärker bin, will ich allen Menschen zeigen. So klein auch noch mein Körper war, aber ich fühlte mich einfach stärker als alle Menschen."[16]

Die besondere Gabe

„Von hier ab, mein Körper war gut 2 ½ Jahre alt, zog es mich zu den Menschen, die von dem Bösen überwältigt waren. Das Böse hatte den Körper, was Menschen Krankheit nennen, abgebaut und wieder kam ein Gedanke, als ich vor einem kranken Menschenkörper stand: Aus dem Körper einiger Tiere ist doch die Krankheit verschwunden, als ich leise vor mir sagte: ‚Liebes Tierlein, du wirst bald wieder einen gesunden Körper haben.' Und so geschah es auch. Beim Menschen ist es doch nichts anderes. Als der Gedanke bei mir festlag, wurde der Körper des Menschen frei von allen Beschwerden. So wurde ich laufend von Kranken direkt angezogen, denn in allen Wohnungen, wo ich plötzlich auftauchte, waren kranke Menschen, zu denen ich immer wieder nur sagte: ‚Du bist doch nicht mehr krank.'

„... und immer war es mir, als weitete sich mein ganzes inneres Leben bis in eine Unendlichkeit hinein."

Oder aber, wenn einige von diesen sagten: ‚Er wird sterben', da sagte ich kurz: ‚Nein, der stirbt noch lange nicht, gesund wird er werden!' Bei jedem Kranken war ich nur ganz kurz, indem ich mich dem Kranken näherte und das schon Erwähnte kurz und leise dem Kranken sagte, worauf ich jedes Mal blitzschnell verschwand." [17]

Dr. Kurt Trampler schrieb in seinem Buch „Die große Umkehr" über diese Zeit:

„Der Zweijährige beginnt bereits zu spüren, dass kranke Tiere seine Nähe suchen, dass beispielsweise ein müder, alter Hund durch sein Streicheln merkwürdig belebt wird. Bald beobachten auch Kranke, dass sich ihr Befinden bessert, wenn dieses Kind in ihr Zimmer kommt. Die Leidenden sind empfänglich für die seltsame, verschlossene Art des ernsten Knaben, der im Vaterhaus und bei seinen Altersgenossen als ein eigenwilliger, fast unheimlicher Einzelgänger gilt, den man lieber meidet." [18]

In einem Interview mit der Zeitschrift „Das Neue Blatt" beschrieb Bruno Gröning es folgendermaßen:

„Schon als Kind sperrte ich mich gegen alle Bösartigkeiten. Ich konnte sie einfach nicht erdulden. Alles wehrte sich in mir dagegen. Man nannte mich wohl auch damals bereits einen Eigenbrötler, der starrköpfig seinen Willen durchsetzen wollte.

Seltsamerweise zogen mich schon damals immer wieder Krankheiten und leidende Menschen an. Es war ein eigenartiger Sog, der mich zu ihnen führte. Seltsamerweise fühlten sich diese kranken Menschen aber in meiner Gegenwart wohler. Und mehr als einmal musste ich hören: ‚Bleib hier, mein Junge, du lässt mich meine Schmerzen vergessen.' Damals geschah es dann auch, dass ich vorlaut Bekannten und Ärzten gegenüber äußerte: „Der wird wieder gesund! Der andere aber schafft es nicht!" Man schüttelte den Kopf und fragte mich, wie ich zu dieser Ansicht käme. Aber darauf konnte ich keine Antwort geben. Ich fühlte es eben so in mir.

Dieses Gefühl war es auch, das mich während des Ersten Weltkrieges immer wieder zu den Verwundeten in den Danziger Lazaretten trieb. Ich war bald ein überall bekannter Gast."[19]

Eine Zeitzeugin beschrieb einmal folgende Begebenheit in einem Danziger Lazarett:

„Es war im Ersten Weltkrieg. Seine Mutter ging mit ihm in ein Lazarett um einen Soldaten zu besuchen. Und wie sie da so mit dem Mann sprach, hörten sie aus einer Ecke ein Wimmern und Schreien. Also es war sehr, sehr unangenehm und dann ging der kleine Bruno hin, setzte sich an das Bett, dieses, glaube ich, noch nicht einmal operierten Soldaten. Er war wohl frisch erst eingeliefert worden, die hatten keinen Platz, sie konnten ihn nicht woanders hin tun und dann hat er den ganzen Saal beunruhigt. Also, so geschrien hat er und gewimmert. Und dann setzt er [Bruno] sich einfach auf das Bett von dem Onkel und nimmt seine Hand. Und dann kam ein Schmerz durch seinen Körper und sagte: ‚Mama, Mama aua, aua, aua.' So hat er das damals schon gekonnt."[20]

Eines Tages lag die Oma im Sterben. Die Verwandten und Brunos Eltern besuchten sie und hielten betend Wache. Sie nahmen den kleinen Bruno mit. Als er die ganze Gesellschaft so sah und das Geschehen in sich aufnahm, ging er zum Bett der sterbenden Frau und sagte: „Oma, du stirbst nicht. Du bist gesund!" Sie richtete sich auf, fühlte sich wohl und am nächsten Tag stand sie auf und war vollkommen gesund.

Bruno Gröning schrieb in seinem Lebenslauf über das Erwachen seiner Heilfähigkeit:

„Während meiner Kindheit und Jugendzeit, die ich im Elternhaus verbrachte, machte ich mehr und mehr die Feststellung von sonderbaren Fähigkeiten, die - von mir ausgehend - dazu angetan waren, beruhigenden oder heilenden Einfluss auf Menschen und Tiere auszuüben.

Bereits als Kleinkind wurden in meinem Beisein kranke Menschen von ihren Beschwerden frei und Kinder wie auch Erwachsene wurden bei Aufregung oder Streit durch einige Worte von mir völlig ruhig. [...]

Schon sehr früh zeigte sich bei mir eine besondere Anlage, auf Mensch und Tier beruhigend und heilend einwirken zu können, wie dies bei manchen Menschen seit urdenklichen Zeiten oft der Fall ist. Diese Wirkung war bei entsprechend veranlagten Personen so stark, dass psychische und körperliche Störungen, die durch andere Heilmethoden nicht mehr beeinflussbar waren, ausheilten, oder sich wesentlich besserten."[21]

In einer polizeilichen Vernehmung 1955 erklärte er:

„Schon in meiner frühesten Jugend fiel es den Leuten auf, dass sie etwas Besonderes empfanden, wenn ich da war. Die Leute haben mir dies auch gesagt. Sie erklärten mir, dass allein durch meine Gegenwart ihr Körper sich wohl fühle und dass sie etwas ganz Bestimmtes spüren würden, das ihnen Besserung gebracht habe."[22]

Ein ungewöhnliches Kind

Bruno Grönings Bruder Kurt schilderte einmal folgende Begebenheit:

„Am Sonntagmorgen gingen die Eltern zur Kirche und beauftragten mich, den Kaffeetisch zu decken und Kaffee zu kochen. Ich tat es nicht, das Spielen war mir wichtiger. Als die Eltern nach Hause kamen, hatte Bruno den Tisch gedeckt und Kaffee gekocht. Die Eltern lobten beim Frühstück Bruno für den ausgezeichneten Kaffee und rügten energisch meine Nachlässigkeit. Da packte mich die Wut so sehr, weil Bruno immer als der Gute herausgestrichen wurde, dass ich mir nicht mehr zu helfen wusste und die Kaffeekanne mit dem kochend heißen

Inhalt auf Brunos Kopf ergoss. Er blieb ganz ruhig, alle waren über meine Untat entsetzt. Und wieder geschah etwas Ungewöhnliches. Bruno trug weder im Gesicht noch am Körper irgendwelche Brandwunden davon.

Dieses Erlebnis und noch ein zweites machte auf uns Geschwister und auch auf die Jungen der Nachbarschaft einen so starken Eindruck, dass wir künftig davon abließen, unseren jüngeren Bruder zu misshandeln.“[23]

Bruno Gröning beteiligte sich nie an Raufereien und nie, so hob sein Bruder Georg hervor, verriet er seine Geschwister, wenn sie etwas ausgefressen hatten, auch dann nicht, wenn das Komplott ihm selber galt und er darunter zu leiden hatte. Kurt Gröning berichtete weiter:

„Die Jungen rauften draußen und als sie sahen, dass Bruno wieder einmal daneben stand und nicht mitmachte beim bösen Spiel, da packte einen der Jungen die Wut und er ohrfeigte Bruno nur deshalb, weil er sich nie herumschlug und solch ein Außenseiter war. Bruno gab wie immer nicht zurück. Er stand ruhig ohne Aufregung da und wartete. Der Junge aber musste, ob er wollte oder nicht, nach Hause gehen. In der Wohnung begann er sich selbst zu ohrfeigen. Er konnte nicht mehr aufhören. Alle Jungen gingen nach und beobachteten das seltsame Geschehen. Der Junge begann zu schreien: ‚Bruno, hilf mir doch!‘ Bruno kam herein und der Junge beruhigte sich und das Schlagen hörte auf.“[24]

Seitdem hat ihn keiner mehr angerührt, die anderen Jungen sind ihm aus dem Weg gegangen.

Ein weiteres lehrreiches Erlebnis berichtete Bruno Gröning selbst:

„Ein Schulkamerad in Not brauchte dringend etwas Geld. Ich wollte ihm helfen, hatte aber selbst keinen Pfennig. So entnahm ich heimlich dem Geldtäschchen meiner Mutter den Betrag, den der Freund dringend brauchte und übergab es ihm. Nun aber plagte mich das schlechte Gewissen gestohlen zu haben so sehr, dass ich mir vornahm, der Mutter die dreifache Summe zurückzuzahlen. Durch kleine Handreichungen verdiente ich mir so viel, dass ich der Mutter täglich heimlich etwas zurückgeben konnte, bis mein Versprechen erfüllt war. Später wusste ich, dass man niemandem etwas wegnehmen darf; die Erkenntnis ist ein grundlegendes Erlebnis gewesen. Nicht schaden darf man, nur helfen. Hat man aber jemandem einen Schaden zugefügt, muss man ihn doppelt und dreifach gutmachen.“[25]

Erstaunliche Fähigkeiten

Eine weitere ungewöhnliche Fähigkeit zeigte sich ebenfalls bereits in Bruno Grönings Kindheit. Er sah Dinge voraus, die normalen Menschen verschlossen bleiben. August Gröning:

„Sogar besondere Ereignisse konnte er im Voraus sehen und sagen, Anfang und Ende des Krieges 1914-18.“[26]

Georg Gröning beschrieb es etwas ausführlicher:

„Im Alter von acht Jahren, es war am 29. März 1914, zeigte sich wieder einmal die geistige Erkennung eines Bruno Gröning als Voraussagung, dass ein Krieg in Bälde zu erwarten sei, worauf unser Vater diesen Gedanken leicht abtuend von ihm wies und zwar mit den Worten: ‚Junge, was weißt du von Krieg!‘ Doch unser Bruno hielt an seinem Wissen fest.“[27]

Und dafür erhielt er nach eigenen Angaben eine schallende Ohrfeige.

Auch beschäftigte sich Bruno Gröning schon als Kind mit Fragen, an die andere Kinder seines Alters nie dachten. So errang er Erkenntnisse, die anderen Menschen ihr Leben lang verschlossen bleiben. Egon Arthur Schmidt:

„Wenig kindlich, aber ganz im Zuge seiner Entwicklung scheint es zu sein, dass er mit besonderer Vorliebe Totenbetten aufsuchte und sich auf Friedhöfen aufhielt. Er sagte in letzter Zeit oft: ‚Ich habe nur einen wirklichen Freund und das ist der Tod.‘ Was ihn zu solchen Besuchen trieb, was er dabei empfand und was dabei geschah, darüber sprach Gröning nicht.“[28]

Im Schatten des Krieges

Georg Gröning berichtet von einem weiteren merkwürdigen Erlebnis:

„Es war am Sonnabend, 1. August 1914 [...]. Zu Hause angekommmen, fand mein Vater seinen Gestellungsbefehl vor. Es wurde alles vorbereitet, dieweil der Vater nach Danzig-Neufahrwasser musste. Ein Abschiednehmen mit vielen guten Lehren für uns Kinder, ein Trostwort für die Mutter, die nunmehr mit uns sieben Kindern allein zurückblieb. Noch in letzter Minute trat Bruno zum Vater und gab ihm ein kleines unbeschriebenes Blatt Papier in die Hand und deutete darauf hin, dass er wohl lange fortbleiben müsse, jedoch ihm nichts geschehen würde, nur müsse er den Zettel immer bei sich tragen.

Somit schied der Vater im Schutze dieses kleinen, nach Menschenbeurteilung winzigen Papierfetzens.“[29]

Später kam er tatsächlich unversehrt aus dem Krieg zurück.

Von klein auf war der Wunsch, anderen Menschen zu helfen, lebensbestimmend für Bruno Gröning. Sich selbst stellte er dahinter zurück.

So berichteten seine Geschwister einmal:

„In der Hungersnot des Ersten Weltkrieges waren die Lebensmittelvorräte der Familie Gröning aufgebraucht und man wusste nicht, wo man etwas Essbares auftreiben sollte. Der junge Bruno war damals körperlich der Schwächste und Kleinste der Geschwister, zog aber mit seinem Drahtesel los und kam nicht ohne ein paar Säcke bester Kartoffeln zurück, die er bei Bauern erhalten hatte. Allenfalls nach Hause schleppen durften wir sie dann, erzählte sein Bruder. Bruno fiel deshalb auf, weil er zwar Lebensmittel besorgte, selbst aber am wenigsten davon aß. Er beanspruchte nur den Teil für sich, der übrig war, nachdem sich seine Geschwister satt gegessen hatten. So ging er manches Mal ganz leer aus. Und dennoch vollbrachte er erstaunliche körperliche Leistungen. Trotz seiner zarten Konstitution konnte er weite Strecken mit dem Fahrrad in so kurzer Zeit zurücklegen, dass es ihm niemand nachmachen konnte.“[30]

In der Schule

Bruno Gröning besuchte sechs Jahre die Volksschule und ist als Schüler nicht schlecht, aber auch nicht sonderlich gut in Erscheinung getreten. Sein Bruder Georg bezeichnete ihn als guten Durchschnittsschüler. Bruno Gröning selbst erzählte, dass der Lehrer ihn gerne damit beauftragt hatte, auf die anderen Kinder aufzupassen, wenn er etwas besorgen musste. Bruno erzählte dann immer schöne Geschichten, so dass die Kinder mucksmäuschenstill waren und ihm zuhörten, bis der Lehrer zurückkam. Oft gesellte sich der Lehrer sogar dazu und lauschte seinen Erzählungen.

Allerdings gab Bruno Gröning seinen Lehrern auch oftmals Rätsel auf. Auf sie musste er genauso sonderbar wirken wie auf die eigene Familie. Einmal war es so, dass der Lehrer an der Tafel stand und etwas anschreiben wollte. Er hatte nicht gesagt, was. Als er gerade zu schreiben ansetzte, rief der kleine Bruno aus der letzten Reihe den Satz

Bruno Gröning (3. v. l.) inmitten seiner Geschwister

aus, den der Lehrer notieren wollte. Der Lehrer drehte sich erstaunt um und konnte nicht fassen, woher das Kind das wusste. Als er sich wieder der Tafel zuwandte, um den nächsten Satz anzuschreiben, wiederholte sich der Vorgang.

Oft kam Bruno nach Schulschluss nicht nach Hause, sondern verschwand im nahe gelegenen Wald, wo er sich oft bis in den Abend hinein aufhielt. Meistens war er unauffindbar, wenn man nach ihm forschte. Auch schwänzte er so manches Mal die Schule und ging in den Wald, auf den Friedhof oder ins Lazarett. Seine Erzieher hatten es nicht leicht mit ihm, weil sie ihn und sein Tun nicht verstanden. Eine Lehrerin ist ihn wegen des Schwänzens besonders heftig angegangen.

So hat es oft Schläge für ihn gegeben. Doch das alles konnte ihn nicht daran hindern, zu helfen, wo er nur konnte. Bruno Gröning dazu:

„In der Schule wurden mir diese Ausflüge sehr übel genommen. Ja, man drohte sogar, weil ich dabei mal den Unterricht schwänzte, mich in eine Erziehungsanstalt zu stecken.

Das alles hat meinen Drang zu helfen nicht gehemmt. Die Not war damals Anfang der 20er Jahre in Danzig sehr groß. Mit wenigen Kameraden habe ich da einen Jugendring gegründet, um durch

Sammlung von Bekleidungsstücken und Nahrungsmitteln und Geldspenden den Ärmsten zu helfen.“[31]

Die Rote Ruhr

1915 ereignete sich etwas, das ihn über ein Jahr in der Schule fehlen ließ. Der kleine Bruno erkrankte lebensgefährlich an der Roten Ruhr. Er magerte sehr stark ab und lag wochenlang im Fieber. Die Eltern waren verzweifelt. Der Arzt Dr. Klinge, der häufiger zu den Eltern kam, gab ihn auf. Der kleine Bruno erhielt sogar die letzte Ölung.

Dr. Kurt Trampler schrieb dazu in seinem Buch „Die große Umkehr“:

„Im Alter von neun Jahren erkrankte er selbst auf Leben und Tod an der Ruhr. Er weist nicht nur ärztliche Hilfe von sich, sondern setzt es hartnäckig durch, nicht im Bett zu liegen, sondern auf dem harten Fußboden. Niemand glaubt, dass das ausgezehrte, fiebernde Kind mit dem Leben davonkommen wird.“[32]

Doch Bruno ließ sich in seinem Glauben nicht beirren. Er glaubte fest, dass der Herrgott der größte Arzt ist und ihm helfen würde. Er sagte später:

„Ich habe ein ganzes Jahr lang ohne ein Kleidungsstück auf der nackten Erde geschlafen, gedürstet und gehungert. Mein Körper bestand nur noch aus Haut und Knochen! Ich habe jeden Arzt und jede menschliche Hilfe verweigert und mich nur dem Befehle unseres Herrgottes unterworfen. Und als ich nach einem Jahr aufstand, war auch mein Körper wieder gesund.“[33]

Nun hatte er es selbst erlebt. Er hatte am eigenen Körper die Erfahrung gesammelt, dass Gott auch da helfen kann, wo keine menschliche Hilfe mehr möglich ist. So konnte er später mit voller Überzeugung sagen, dass Gott der größte Arzt aller Menschen ist, für Den es kein Unheilbar gibt.

Es waren immer die Prüfungen, die Gott ihm stellte, die sein Leben bestimmten, nicht die Schulprüfungen oder die Erwartungen der Menschen. Er sagte einmal:

„Ich habe Prüfungen durchgemacht wie wohl kein anderer, aber nicht vor Menschen, sondern vor Gott, und diese Prüfungen sind mehr, als was Menschen verlangen und erwarten können.“

So formte sich in Bruno Gröning bereits in frühesten Kindheits- und Jugendjahren ein Erleben und Erkennen, das in seiner Seele den Weg bereiten sollte, um später seine Aufgabe erfüllen zu können: alle Menschen auf den göttlichen Weg zurückzuführen, sie wieder mit Gott zu verbinden und ihnen das Heil zu bringen. Ihm war das Wissen und Können bereits in die Wiege gelegt, das er zur Erfüllung seiner Lebensaufgabe benötigte, aber er musste viele Erfahrungen sammeln und viele Kämpfe führen, bevor er den Auftrag, der ihm von Gott gestellt war, erfüllen konnte. Und das begann schon in der Wiege. Er hatte keine sorglose, leichte Kindheit, sondern von klein auf musste er das tun, was er später so ausdrückte:

„Mein Kampf dem Bösen. Mein Leben ist Gott."

Er musste diesen Kampf führen und musste alle Lebenssituationen kennen lernen, um die Menschen verstehen zu können. So ging er von Anfang an seinen Weg, so wie er ihn in seinem Herzen als von Gott gewollt vernahm und tat nur das, was Gott ihm auftrug. Er war stets gotthörig und nie menschenhörig, weswegen ihn viele nicht verstanden.

2. Teil Die Danziger Jahre

Bis 1943 lebte Bruno Gröning in Danzig. Diese Zeit war für ihn eine wichtige Lebensphase, in der er alles daransetzte, die Menschen in allen Lebenslagen kennen zu lernen.

Dr. Kurt Trampler beschrieb es so:

„Fünf Jahre besuchte er die Volksschule. Dann lernte er in den mannigfaltigsten Berufen das bunte, vielgestaltige Leben kennen. Überall möchte man den anstelligen, tüchtigen, stillen und bescheidenen Arbeiter festhalten. Aber er bleibt nirgends lange. Es treibt ihn, Anderes, Neues kennen zu lernen - es ist, als ob er sich immer eine andere Klasse in der Schule des Lebens suche.“[34]

Bruno Gröning schrieb dazu in seinem Lebenslauf:

„Besonders lag es mir daran, ein Praktikum durchzumachen, wobei ich das Wissen und Können der Menschen in allen Lebenslagen und allen Volksschichten studieren konnte und erfuhr, wie die Menschen ihr Leben gestalteten. Ich suchte nicht nur die Ärmsten der Armen, sondern auch die Reichsten der Reichen, um kennen zu lernen, wie sie lebten. Ein Privatleben, wie man es im gewöhnlichen Sinne versteht (Kinobesuch, Aufsuchen von Wirtshäusern, Kartenspiel usw., usw.) interessierte mich nicht.“[35]

Lehr- und Arbeitsjahre

Nach der Entlassung aus der Volksschule 1920 machte Bruno Gröning eine kaufmännische Lehre in einer Handelsfirma. Sie handelte mit Lebensmitteln, Werkzeugen, Stoffen usw. Nach zweieinhalb Jahren musste er diese Lehre allerdings auf Verlangen seines Vaters abbrechen. Der Maurerpolier vertrat den Standpunkt, sein Sohn müsse ebenfalls ein Bauhandwerk erlernen. Bruno Gröning folgte dem Wunsch seines Vaters und begann eine weitere Ausbildung zum Zimmermann. Zu einem Abschluss kam es jedoch auch hier nicht, da zur damaligen Zeit in Danzig große Arbeitslosigkeit herrschte und die Firma, bei der er lernte, ein viertel Jahr vor Beendigung seiner Lehre mangels Aufträgen schließen musste. Er sagte selbst dazu:

„Durch die Inflationszeit gingen aber verschiedene Firmen, bei denen ich Lehrling war, ein und ich konnte deshalb meine Lehre nicht abschließen. Eine Gesellenprüfung habe ich nicht gemacht, mir fehlten noch etwa 2 ½ Monate Lehrzeit. Ich musste nun versuchen, meinen Lebensunterhalt selbst zu verdienen."[36]

1925 errichtete er eine Bau- und Möbeltischlerei und machte sich selbständig, stellte jedoch auch diese Tätigkeit nach fast zwei Jahren wieder ein. Von da an war er bis 1943 in den verschiedensten Bereichen beschäftigt, arbeitete u. a. im Hafen und in einer Schokoladenfabrik, beim Postamt Danzig als Telegrammzusteller und bei der Firma Siemens und Halske als Schwachstrommonteur. Er selbst beschrieb es einmal so:

„Ich habe in der Folgezeit in Danzig nicht nur als Zimmermann gearbeitet, sondern auch als Tischler, Maler und Schlosser. Zeitweilig arbeitete ich auch bei der Firma Siemens und bei der Post. Es war mir auch ein Anliegen, meinen Mitmenschen in einigen Fällen in Rechtsangelegenheiten beizustehen. Zum Nationalsozialismus hatte ich keine Berührungspunkte. Ich wurde einmal kurz in den NSBO[37] aufgenommen. Wegen meiner Ansichten wurde ich darauf aber wieder nach kurzer Zeit entlassen."[38]

Egon Arthur Schmidt schreibt in seinem Buch „Die Wunderheilungen des Bruno Gröning" über diese Zeit:

„Er erlernte den Beruf eines Zimmermanns und war auch mit dem Vater gemeinsam in dessen Beruf als Maurer tätig. Von frühester Jugend an musste er schwer arbeiten und führte ein turbulentes äußeres Dasein, um sein Brot zu verdienen, bis er die Berufung zur Krankenheilung in stärkerem Maße empfand und uneingeschränkt zur Wirksamkeit brachte. In wechselnder Folge war Gröning dann in zahlreichen Berufen tätig. Darüber wurde mir von verschiedenen Arbeitskameraden als besonderes Merkmal berichtet, dass ihm jede Arbeit, die er anfasste, gelang, sei es, dass er Uhren, Radioapparate reparierte, sei es, dass er als Schlosser tätig war. Technische Dinge lagen ihm ganz besonders. Er hat sich auch nie gescheut, die gröbsten und körperlich schwersten Arbeiten zu verrichten. Als Hafenarbeiter hat er genauso seinen Strang gezogen wie jeder andere seiner Kumpels. Er machte daraus keinen Hehl, gehörte es doch mit zu dem Weg, der ihn durch die Tiefen führte, um in die Höhe zu gelangen. Ein altes chinesisches Sprichwort sagt: ‚Wer nie durch einen Sumpf ging, kann kein Heiliger werden.'

Bruno Gröning (2. v. r.) auf einer Baustelle: „Besonders lag es mir daran, ein Praktikum durchzumachen, wobei ich das Wissen und Können der Menschen in allen Lebenslagen und allen Volksschichten studieren konnte und erfuhr, wie die Menschen ihr Leben gestalteten."

Es liegen genügend Zeugnisse früher Weggenossen vor, wovon eines mich erst kürzlich erreichte und in dem es ohne Vorbehalte schlicht und einfach heißt, dass dem Berichter Bruno Gröning aus einer einjährigen Zusammenarbeit als der denkbar beste und anständigste Kamerad, den er je gehabt hätte, in gutem Andenken sei."[39]

Wieder geschehen Heilungen

Auch seine Veranlagung, kranken Tieren und Menschen helfen zu können, wurde nach wie vor durch viele Heilungen herausgestellt. Sein Neffe Georg berichtete:

„Ein Nachbar hatte Hühner und eines dieser Hühner lahmte ganz entsetzlich und stand eigentlich schon auf der Liste für den Kochtopf. Bruno sagte: ‚Nein, das dürft ihr nicht tun.' Alle fragten sich, was man denn mit solch einem Tier machen sollte. Bruno nahm es auf den Arm, streichelte es und warf es dann wieder in den Garten. Das Huhn flatterte wild hin und her und humpelte nicht mehr, keiner dachte mehr daran, es in den Kochtopf zu stecken."[40]

Sein Vater schrieb in einer eidesstattlichen Erklärung 1949:

„Hinzu kommt noch eine Eigenschaft, die es ihm ermöglichte, Menschen von Krankheiten und Leiden zu heilen. Eine Unmenge von Dankschreiben und eidesstattlichen Erklärungen bringen ihm den Beweis, dass diese Eigenschaft ihm von Gott eingegeben ist. Ich selbst war von einem schweren Leiden befallen, so dass mich die Ärzte schon aufgegeben hatten. Eine kurze Behandlung durch meinen Sohn Bruno genügte, um mich wieder ganz gesund zu machen."[41]

Ernst Kohn, ein Nachbar, erklärte 1955 ebenfalls an Eides statt:

„Herr Bruno Gröning hat schon früher vielen Menschen durch seine Strahlung geholfen ... Bruno Grönings Heilkraft habe ich schon in ihrer Wirkung in den Jahren unserer Nachbarschaft in Danzig-Langfuhr verspürt. Ich bin oft von Schmerzen befreit worden."

Auch Charlotte Adam hatte Bruno Gröning in Danzig kennen gelernt:

„Herrn Gröning kenne ich seit 1928 aus Danzig, welche meine Heimatstadt ist. Herr Gröning hat sich schon damals für geistige Dinge interessiert und Menschen geholfen und geheilt. Mir sind ungefähr 20 Fälle bekannt, die auch Erfolg hatten. [...] Auch kann ich viele Beweise geben, wo Herr Gröning Kindern geholfen hat, z. B. bei Lähmungen und [bei solchen,] die nicht hören und sehen konnten. In allen Fällen hat es geklappt. Wir selbst und die Leute, denen er geholfen hat, stehen auch heute noch vor einem Rätsel. Wir haben früher uns immer den Kopf zerbrochen, wie so etwas sein kann."[42]

In einer eidesstattlichen Erklärung aus dem Jahre 1931, die ebenfalls Schmidt anführt, heißt es, dass eine schwer diphteriekranke Frau, die von den Ärzten bereits aufgegeben war, durch Bruno Gröning ihre Gesundheit wiederfand. Er selbst sagte einmal über diese Begebenheit: „Ich habe diese Frau vom Totenbett geholt."

In aller Stille gewirkt

Als Bruno Gröning später weltbekannt wurde und seine Heilungen großes Aufsehen erregten, stellten sich viele Menschen die Frage, warum er nicht schon vor 1949 in der Öffentlichkeit aufgetreten sei. 1950 bezog er dazu Stellung:

„Dass mein öffentliches Wirken ab März 1949 viele Menschen in Erstaunen versetzte, ist mir klar. Viele fragten sich: Warum ist Gröning nicht schon früher aufgetaucht?

Meine Antwort ist, dass ich ja schon 43 Jahre lebe und dass ich das, was ich jetzt öffentlich wirke, schon seit meiner Kindheit getan habe. Nur habe ich von jeher alles getan, um nicht in die Öffentlichkeit gezerrt zu werden. Ich hatte schon viel früher versucht, jeweils in einem kleinen Kreis, die Menschen dahin aufzuklären, dass ich einen Menschen kenne (ich sprach damals nicht davon, dass ich dies sei, sondern schob meine Fähigkeit einem unbekannten Dritten zu), der, ohne Medizin erlernt zu haben, aus eigener Kraft, fast alle Kranken heilen könne. Meine Zuhörer hielten mich aber immer für einen Spinner, nur ganz wenige haben mich damals verstehen können.

Von Zeit zu Zeit hatte ich die Gelegenheit, einen Kranken anzutreffen und diesem, ohne dass er etwas davon merkte, durch Worte, Berühren eines kranken Körperteiles oder Gliedes oder einem ihm von mir übergebenen Gegenstand, die Krankheit zu nehmen. Später merkte ich, dass ich zur gleichen Zeit nicht nur einem einzelnen, sondern auch mehreren Kranken zu helfen imstande war und dass diese, sagen wir Behandlungsart, für mich gar nicht schwierig war. In aller Stille arbeitete ich laufend weiter und kaum einer meiner Versuche blieb erfolglos. Der kleine Kreis von Menschen, zu denen ich damals kam, war natürlich verblüfft und konnte es nicht fassen, was hier vor sich ging. Verstandesgemäß ist es auch nicht zu erfassen.

Kranke, die Hilfe von mir erhalten hatten, erkannten und bezeugten die Tatsache, ohne eine Erklärung geben zu können.

Die Zeit und mit ihr die Häufung der Heilungen machten mich zu einem „Großsender". Immer mehr Menschen empfingen die Heilwelle. Ich glaube, von mir aus behaupten zu können, dass jeder eine Empfangsstation für diese Welle besitzt, nur muss der Mensch wissen, was er empfangen will. Sicher gab es auch früher kleine Heilsender, nur waren sie meines Erachtens in ihrer Kraft beschränkt, wurden nicht entfaltet, sondern infolge ihrer Schwäche verdrängt und bauten auch ab.

Um mich kurz zu fassen, möchte ich vergleichsweise sagen, dass ich das Empfangsgerät beim Menschen ausfindig gemacht habe und imstande bin, den menschlichen Organismus sozusagen zu überholen.

Für Menschen, die von mir geheilt wurden, ist dies eine Selbstverständlichkeit wie das Radio.

Ich sende auch eine Heilwelle ohne direkte Verbindung zu Kranken, d. h. ohne dass ich weiß, wo der oder die Kranken sich befinden. Dies beweisen meine Fernheilungen.“ [43]

Vorhersagen I

Auch die seltsame Fähigkeit, Ereignisse vorherzusehen und -zusagen zeigte sich in Danzig des Öfteren. So sagte Ernst Kohn in einer eidesstattlichen Erklärung aus, dass Bruno Gröning ihm während ihres Bekanntseins als Nachbarn in Danzig-Langfuhr, Magdeburger Str. 77, zu Beginn des Zweiten Weltkrieges im Jahre 1939, Folgendes erklärt hat:

„‚Ernst, der Krieg wird sich über eine lange Zeit erstrecken, Polen wird unterliegen, ebenso schnell Frankreich. Deutschland wird durch seine Eroberung aber nicht größer, sondern kleiner werden. Man teilt Deutschland auf.‘ Dann zeigte er mir die Zonengrenzen, wie sie heute tatsächlich verlaufen.

Herr Bruno Gröning hat schon früher vielen Menschen durch seine Strahlung geholfen und Prognosen gestellt, die stets zutrafen. Er sagte meiner Mutter sogar ihren Tod voraus.“ [44]

Ähnliches erklärte auch August Gröning:

„Sogar besondere Ereignisse konnte er im Voraus sehen und sagen, Anfang und Ende des Krieges 1914-18. Auch den Tod seiner Mutter sah er im Voraus. Ebenso auch den Anfang des Krieges 1939-45. Dass sein Vater und die Geschwister nach der Kapitulation Haus und Heimat verlassen mussten, wo sie alle nach langem Umherirren sich wiedertreffen würden. Alles hat er gesehen und vorausgesagt.“ [45]

Die Wahrheit über Bruno Gröning - aus seiner Heimat

Einen ausführlichen Bericht über Bruno Grönings Wirken in Danzig hat Max Bruhn, ehemaliger Nachbar und langjähriger Freund Bruno Grönings in Danzig, 1955 verfasst. Hier sein ungekürzter Bericht.

„Nach langem Suchen, d. h. seit 1944, habe ich das Glück, Bruno Gröning, mit dem ich mehrere Jahre in Danzig-Langfuhr zusammen sein konnte, wieder zu finden, zu sehen und bei ihm als Gast zu sein.

Die ganzen Jahre von 1945 bis 1955 lebte ich in der DDR und es war schwer, wenn nicht gerade durch Zufall, einiges über Bruno Gröning zu erfahren. Doch hatte ich die Hoffnung auf ein Wiedersehen niemals aufgegeben. Meine Gedanken waren ständig bei ihm. Und dieses Wiedersehen ist jetzt eingetroffen und ich verdanke es nur alleine Bruno Gröning selbst. Und so möchte ich allen Menschen vorerst einen kleinen Ausschnitt aus dem Leben und Wirken Bruno Grönings aus seiner Heimat schildern.

Bruno Gröning in den 30er Jahren: „Ein Privatleben, wie man es im gewöhnlichen Sinne versteht (Kinobesuch, Aufsuchen von Wirtshäusern, Kartenspiel usw., usw.) interessierte mich nicht."

Wie lernte ich nun erstmalig Bruno Gröning kennen?

Es war im Jahre, Ende 1931, als ich dringend für meine Familie einen Wohnraum suchte. Der Weg führte uns in das Haus in Danzig-Langfuhr, Ringstraße 77/II. Diese Straße wurde später in Magdeburger Straße umbenannt. In dieser wurden wir dann aufgenommen und erhielten von der Zweizimmerwohnung, die von Bruno Gröning bewohnt wurde, ein Zimmer ab. Ich selbst war in dieser Zeit ohne ständige Arbeit, während Bruno Gröning in einer Fabrik im Nachbarort Danzig-Oliva tätig war. Seine Familie bestand zu der Zeit aus seiner Ehefrau und einem Sohn.

Es dauerte nur eine kurze Zeit und wir beide, Bruno Gröning und ich, kamen uns gegenseitig näher. Damals hatte ich sofort das Gefühl, dass ich einen Menschen gefunden hatte, dem ich restlos alles anvertrauen konnte, d. h. meine ganzen Sorgen und Nöte.

Er verstand es immer wieder, wenn ich manchmal am Verzweifeln war, mir neuen Mut zu geben. Heute würde ich sagen, dass Bruno Gröning mir neue Kraft schenkte. Wir haben oft, von abends bis zum nächsten Morgen, kurz bevor er zu seiner Arbeit ging, zusammengesessen und über all das gesprochen, was ich in den letzten Jahren erfahren durfte und was Bruno Gröning in die Tat umgesetzt hat. Er verstand es immer wieder, mich durch Beispiele und Beweise zu über-

Hier lernte Max Bruhn Bruno Gröning kennen: „Der Weg führte uns in das Haus in Danzig-Langfuhr, Ringstraße 77/II. Diese Straße wurde später in Magdeburger Straße umbenannt. In dieser wurden wir dann aufgenommen und erhielten von der Zweizimmerwohnung, die von Bruno Gröning bewohnt wurde, ein Zimmer ab."

zeugen. Ich gebe es selbst zu, dass ich vieles nicht verstehen konnte und habe auch sehr oft, teilweise sogar bewusst, widersprochen. Aber Bruno Gröning ließ sich in keiner Weise aus der Ruhe bringen. Welches waren nun die einzelnen Gespräche, die ich damals mit Bruno Gröning führte? Sie waren alle teils, wie schon erwähnt, auf meine vielseitigen Sorgen und Nöte hinzuführen, aber erstreckten sich dann auf alle Punkte im menschlichen Leben und über das ganze Weltgeschehen.

Zum Schluss meines Berichtes werde ich noch näher auf diese Einzelheiten eingehen."

Der selbstlose Helfer

„Nach zehnjährigem Wiedersehen mit Bruno Gröning kann ich der ganzen Welt nur bestätigen, dass restlos alles so eingetroffen ist, wie es damals schon von ihm gesagt wurde. Bruno Gröning hat schon damals nie an sich gedacht, sondern sein oberstes Gebot galt seinen Mitmenschen, ihnen zu helfen und neue Kraft zu geben. Es war ihm ganz gleich, ob jemand ein Anliegen auf Gesundung hatte oder andere

Hilfe brauchte, oder ob er unschuldig mit den bestehenden Gesetzen in Konflikt geraten war.

So manches Mal hat er auf seinen Schlaf, auf seinen Verdienst verzichtet. Es gab für ihn nur das eine: Helfen.

Oft wurde er schon damals zu Kranken gebeten, die ihn, ja sogar nachts, um Hilfe anflehten. Aber nie hat er, ganz gleich was es war, auch nur einen Pfennig dafür genommen. Im Gegenteil, er hat sogar noch sein letztes Geld, was er besaß, diesen Menschen gegeben. Selbst, wenn jemand sich für irgendeine Tat bedankte, wies Bruno Gröning den Dank zurück und sagte u. a., dass dieser diesen Dank dadurch anbringen möge, indem er auch bei seinen Mitmenschen Gutes tue. In vielen Fällen durfte ich sein Begleiter sein und mich von seinen Taten überzeugen.

Nach und nach wurde ich von Bruno Gröning in seinem Bekannten- und Verwandtenkreis eingeführt. Ich lernte seine Eltern, die im Vorort Danzig-Oliva wohnten und auch dort ein kleines Eigentum (Heim) hatten, sowie seine Geschwister und Anverwandten kennen.

In diesem Zusammenhang weise ich auf das Buch ‚Die Wunderheilungen des Bruno Gröning', geschrieben von E. A. Schmidt aus dem Jahre 1949, hin. Es besagt aber noch nicht all das, was auf die soziale Herkunft des Bruno Gröning hinweist. Zu einem anderen Zeitpunkt werde ich nochmals näher auf diese Punkte zurückkommen."

„Ich weiß alles"

„Was nun noch besonders hervorzuheben sei, wäre der Verzicht auf das Lesen von Büchern oder sogar Zeitungen oder Zeitschriften. Wenn ich manchmal damals sagte: ‚Woher weißt du, dass das eine oder andere in den Zeitungen oder im Buch steht?', so sagte er nur kurz und einfach: ‚Ich weiß alles' und es stimmte. Hatte ich irgendetwas für mich persönlich zu erledigen und ich kam zurück, dann sagte er mir schon im Voraus, dass ich ihm nichts erzählen brauche, er wisse dieses schon. So manches Mal war ich selbst, d. h. anfangs als ich bei ihm wohnte, über alles erstaunt. Aber ich wurde von ihm in jedem Falle immer wieder überzeugt, dass das, was er sagte, restlos der vollen Wahrheit entsprach. Aus den vielen Fällen, die ich bei Bruno Gröning miterleben durfte, greife ich nur einiges heraus."

Ein Radio spielt nicht

„Eines Tages sagte Bruno Gröning zu mir, dass er ein neu gebasteltes Radio haben möchte. Das eigentliche Gerät war vorhanden. Das hierfür gebaute Gehäuse ebenfalls. Es galt lediglich, das Gerät in das Gehäuse einzubauen. Das Gerät spielte ohne Gehäuse einwandfrei. Bruno Gröning übergab diese Teile dem Radiospezialisten Müller, Danzig-Langfuhr, Weißer Weg. Dieser Spezialist war weit und breit als ein sehr guter Fachmann bekannt, da er selbst neue Radiogeräte baute. Bruno Gröning sagte zu mir, dass dieser Fachmann und auch kein weiterer Spezialist es fertig bringe, diese beiden Teile so zusammenzubringen, dass es spielte. Zwar hatte ich schon vieles bei Bruno Gröning gesehen, aber in diesem Falle stiegen bei mir wieder Zweifel auf, da ich selbst mit den Basteleien vertraut war und konnte mir ein Nichtgelingen nicht vorstellen. Es vergingen zwei Wochen. Das Gerät wurde nicht fertig, obwohl dieser Fachmann es mehrmals ein- und ausgebaut hatte, ja sogar einige Umbauten vorgenommen hatte. Nachdem jeder Fachmann, der bei diesem Spezialisten sich auch überzeugt hatte, dass es aus unerklärlicher Weise nicht ginge, wurde das Einbauen des Gerätes eingestellt und die Teile wurden wieder abgeholt. Darauf versuchte ich selbst, den Apparat spielfertig zu machen,

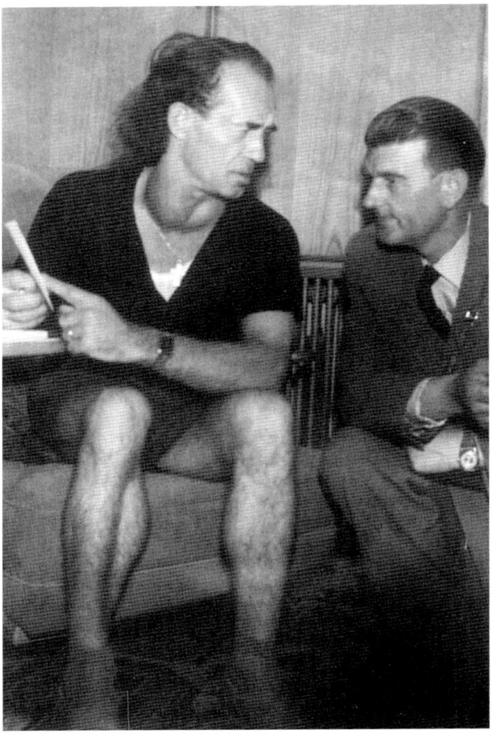

Bruno Gröning und Max Bruhn
Mitte der fünfziger Jahre

denn ich sage ganz offen, dass ich davon noch nicht überzeugt war. Einige Tage und sogar einige Nächte habe ich alles versucht. Ich konnte nur immer wieder feststellen, dass das Gerät in diesem Gehäuse nicht spielte, dagegen, wenn beide Teile getrennt wurden, d. h. Gehäuse und Gerät alleine, war der Empfang einwandfrei. Und somit wurden meine Zweifel wieder beseitigt. Aber Bruno Gröning sagte dann weiter, er wolle das Gehäuse fortgeben und zwar an einen Anverwandten. Es werde bei diesem einmal klar und deutlich spielen und dann nie mehr.

Auch hiervon durfte ich mich später überzeugen, dass alles so eintraf, wie es Bruno Gröning gesagt hatte. Immer mehr und fester kam die Erkenntnis, dass Bruno Gröning doch ein anderer Mensch sei als jeder von uns allen."

Der Geist beherrscht die Materie

„Und nun greife ich noch ein weiteres Geschehen heraus:

Eines Tages, es war genau der 30. Mai 1932, betraten wir beide ein Lokal in Danzig-Langfuhr, an der Haltestelle nach dem Badeort Brösen. Das Lokal war stark besetzt. Es bestand aus einem Vorraum mit Ausschank und Nebenräumen. Wir befanden uns in einem der Nebenräume, von wo aus wir den Schankraum und auch die anderen Räume übersehen konnten, denn wir wollten alleine sein. Über dem Ausschank befand sich ein Radiogerät und etwas links davon eine Wanduhr, ein so genannter Regulator. An sämtlichen Tischen in den Nebenräumen herrschte eine rege Unterhaltung. Dazu war das Radiogerät sehr laut eingestellt, so dass man sich Mühe geben musste, seine eigenen Worte zu verstehen, wenn man nicht außergewöhnlich laut sprechen wollte. Dieses störte nicht nur uns, sondern auch einige Gäste. Bruno Gröning sagte darauf zu mir, er werde das Radio in seinem Ton vollkommen verzerren lassen, so dass der Wirt endlich darauf seine Aufmerksamkeit lenken würde. Aber Bruno Gröning sagte dann weiter, dass der Wirt es nicht klangrein einstellen könne. Hierbei wies Bruno Gröning auf die Uhr und legte auch einige Zeitangaben fest. Was geschah? Nach der genau vorhergesagten Zeit trat eine so starke Verzerrung ein, dass es unmöglich war, noch längere Zeit dieses anzuhören. Der Wirt ging nun zu dem Gerät und versuchte es klangrein einzustellen, aber nach der schon vorausgesagten Zeit gab er sein Vorhaben auf, ließ das Radio aber eingeschaltet und drehte nur den Ton auf ganz leise.

Wir saßen anschließend noch ungefähr ½ Stunde und Bruno Gröning wollte aufstehen und sich verabschieden. In diesem Augenblick dachte ich an das leise gestellte Radio und an die Verzerrung. Ich sprach darauf Bruno Gröning an, doch noch einmal an das Radio zu denken, da es mir vollkommen klar war, dass dieses Gerät ohne seine Hilfe nie wieder gespielt hätte. Außerdem wollte ich auch noch etwas nette Musik hören. Inzwischen stellten auch die Gäste an den Wirt einige Fragen über das Radio. Der Wirt konnte nur immer wieder beteuern, dass es sich um ein sehr gutes, klangreines Radiogerät handele, außerdem wäre es neu und er habe noch nie eine Störung gehabt. Nur ein Achselzucken und Kopfschütteln des Wirtes, wie auch der einzelnen Gäste, konnte man vernehmen.

Jetzt brachte mir Bruno Gröning einen neuen Beweis. Wir setzten uns wieder hin und nach genau einer Minute, wie es Bruno Gröning voraussagte, spielte das Radio wieder hell und rein. Ebenso war die Lautstärke vollkommen normal. Wirt und Gäste schauten auf, schüttelten den Kopf abermals und zuckten die Achseln, denn so etwas Außergewöhnliches konnten sie nicht verstehen. Nein! Sie konnten es auch nicht verstehen, weil Bruno Gröning es ihnen auch nicht gesagt hatte. Nur einer wusste es und dieser eine durfte ich selbst sein."

Den Menschen helfen

„Unter anderem gab Bruno Gröning mir auch oft zu verstehen, dass er sich nicht mit den vorher geschilderten Geschehnissen immer abgeben werde, da er dieses nur als Beweis seiner Kraft mir gegenüber täte. Seine Kraft galt und gilt, nur den Menschen Hilfe angedeihen zu lassen, die von keinem anderen Menschen irgendeine Hilfe erwarten können. Von einer solchen Hilfe werde ich nachfolgend auch aus den Jahren, wo ich mit Bruno Gröning täglich zusammen war, einiges schildern.

Vorerst halte ich die Worte fest, die meine jetzige Frau, Ilse, die bei meinem Wiedersehen mit Bruno Gröning ebenfalls zugegen sein durfte, aussprach, ohne vorher Bruno Gröning persönlich zu kennen. Lediglich kannte sie ihn durch meine Worte, denn ich sprach sehr oft über alles, was sich in der Heimat abgespielt hatte. Ebenso verfolgten wir auch die Geschehnisse, die wir hin und wieder, wenn auch ungenau, zu einem kleinen Teil erfuhren.

Sie sagte: ‚Er sieht seine besondere Aufgabe darin, den Menschen zu helfen durch seine Kraft und des Menschen Glauben an sich selbst.'

Es erübrigt sich, näher auf diese Worte einzugehen, denn sie besagen alles."

Heilung der Schwester

„Somit möchte ich nachfolgend nur zwei Fälle von ebenfalls vielen schildern. Im ersten Falle handelte es sich um seine Schwester Maria. Sie erkrankte an Brustkrebs und nach Feststellung der Ärzte gab es nur eine Lösung, die Brust zu entfernen. Diese Operation sahen die Ärzte als sehr dringend an und sollte in spätestens drei Tagen vollzogen werden. Was aber ging nun im Inneren, in der Seele seiner Schwester vor sich? Sie rang mit sich selbst. Ihre Umgebung, dazu das viele Böse hielt sie ab, zu ihrem Bruder zu gehen. Und doch kam sie eines Tages zu ihm. Sie wollte mit ihm sprechen. Dieses war zwar der erste Schritt, sich von all dem Bösen loszutrennen, aber sie konnte sich nicht ganz freimachen. Sie sagte, dass sie doch noch einmal zum Arzt gehen möchte. Ihr Bruder, Bruno Gröning, sagte nur, sie möge es tun, aber er sei fest überzeugt, dass sie doch den Weg zu ihm zurückfinden werde. Und so geschah es. Am Tage vor der bereits festgesetzten Operation kam die Schwester Maria, zur späten Abendstunde wiedermals zu ihrem Bruder Bruno, und bat ihn um seine Hilfe. Er, der Bruder Bruno, sagte in meiner Gegenwart lächelnd: ‚Ich finde nichts Böses mehr in deiner Brust, du kannst morgen ruhig zum Arzt bzw. zu den Ärzten gehen und bittest um eine gründliche Untersuchung, ehe sie zu einer Operation schreiten. Diese Ärzte werden nach einer gründlichen Untersuchung genau das feststellen, was ich dir soeben gesagt habe.'

Bereits nachmittags des folgenden Tages kam die Schwester Maria zu ihrem Bruder Bruno und bestätigte, wie es Bruno Gröning am Tage vorher gesagt hatte. Die Ärzte standen vor einem großen Rätsel, indem sie sagten, dass hier ein großes Wunder geschehen sei. Sie haben lange darüber gesprochen und brachten immer wieder diese Bewunderung zum Ausdruck, indem sie sagten: ‚Hier ist etwas vor sich gegangen, was wir uns nicht erklären können. Es gibt Dinge zwischen Himmel und Erde, die wir Menschen nicht erklären können.' Die Schwester des Bruno Gröning, Maria, ist heute noch bei bester Gesundheit. Bei der Zusammenkunft des Bruno Gröning mit seiner Schwester sagte ich zu dieser, dass sie nur durch den Glauben, die Wahrheit und das Gute Kraft bekomme und wenn dieses erreicht ist, wird sie imstande sein, jegliches Böse von sich abzuweisen. Sie hatte dieses Ziel, entgegen allem Bösen, was an sie herangetreten war, erreicht."

Heilung von Frau Bruhn

„Auch möchte ich jetzt einen anderen Fall wiedergeben, der sich bei meiner ersten Frau zutrug. Es geschah im gleichen Hause bei Bruno Gröning, denn wir wohnten ja bei ihm. Meine erste Frau erkrankte an einer Halsentzündung. Es traten hohes Fieber, innere starke Schwellungen ein und es drohte der Erstickungstod. Seit einigen Tagen war sie in Behandlung bei Dr. Hollatz. Der Zustand verschlechterte sich immer mehr, so dass der Arzt ernstlich Bedenken bekam. Meine Frau wusste, dass Bruno Gröning helfen konnte, wenn der Glaube vorhanden sei. Ich habe sie gebeten, ob ich Bruno Gröning um seine Hilfe bitten darf. Aber sie lehnte es ab, denn den wahren Glauben hatte sie noch nicht erreicht. Im Gegenteil, sie hoffte immer noch auf die Hilfe des Arztes. Ich habe aber doch mit Bruno Gröning gesprochen und er sagte mir, dass er sofort komme, wenn meine Frau den Glauben gefunden hat und sie selbst um seine Hilfe ihn ansprechen würde. Und auch hier geschah es.

Ich selbst musste an dem fraglichen Tage vom Hause entfernt sein. Während dieser Zeit nahm die innere Schwellung derart zu, dass der Erstickungstod bevorstand. In ihrer letzten Stunde, wenn ich so sage, fand sie den Glauben. Es war die Todesangst, und sie fühlte, dass doch ein Bruno Gröning helfen würde. Da sie nicht mehr sprechen konnte, klopfte sie mit ihrer letzten Kraft an die Zimmerwand, denn sie wusste, dass Bruno Gröning an dem Tage zu Hause war. Zur gleichen Minute schaltete sich dann auch Bruno Gröning ein, betrat das Zimmer und fand meine Frau im Stadium des Erstickungstodes. Ihr Gesicht war inzwischen blau geworden. Sie konnte nur noch durch schwaches Zeigen auf die Halsgegend hinweisen. Und das Wunder geschah.

Schon nach einigen Sekunden war ein Rückgang der inneren Schwellung zu verzeichnen und es setzte sofort neues Leben ein.

Am nächsten Tage stand sie auf und ging zu Dr. Hollatz. Der Arzt, der ja den Zustand meiner Frau kannte, konnte sich kaum fassen. Nach der Untersuchung sagte er nur, dass für ihn hier etwas Unerklärliches geschehen sei, denn aufgrund des Krankheitszustandes wäre es unmöglich, dass sie mit den Worten gesagt, gesund sei. Es blieb für ihn ein Rätsel und es wäre hier ein großes Wunder geschehen, was er sich nicht erklären könne.

Zu dem eben Gesagten wäre noch ein dazugehörendes Ereignis besonders zu erwähnen. Nachdem ich heimkehrte und über alles, für mich kaum Fassbares, unterrichtet wurde, sagte Bruno Gröning zu mir, dass meine Frau um 20 Uhr Essen verlangen werde. Dieses Gespräch wurde um 19 Uhr geführt, wobei wir auf die Uhr schauten. Genau auf die Minute, um 20 Uhr, und ohne dass meine Frau hiervon etwas erfuhr, trat das ein, was Bruno Gröning gesagt hatte. Sie verlangte Essen und aß zwei Schnitten Brot, ohne noch zu erwähnen, dass sie kurz zuvor noch am Ersticken war.

Dieser Fall war abermals für mich ein neuer Beweis, genauso aber auch für meine erste Frau, dass nur der wahre Glaube eine Hilfe erreichen kann. Zwar hatte ich, wie schon vorher erwähnt, vieles bei anderen Menschen an der Seite Bruno Grönings erleben dürfen, aber jetzt geschah es in meiner eigenen Familie."

Heilung von Max Bruhn

„Einen ähnlichen Fall, wie ich ihn soeben schilderte, habe ich auch bei mir selbst erlebt. Eines Tages erkrankte ich selbst. Wir wohnten zu dieser Zeit in der gleichen Straße, wo ich eine eigene Wohnung erhalten hatte. Einige Tage lag ich zu Bett. Die Temperatur stieg auf etwas über 40 Grad. Auch konnte ich während dieser Zeit keine Nahrung zu mir nehmen. Ich bat meine Frau, sie möchte doch zu Bruno Gröning gehen und ihm mitteilen, dass ich nicht, wie gewohnt, zu ihm kommen könne, da ich erkrankt sei. Mein inneres Gefühl und der Glaube sagte mir, dass, wenn er kommt, ich auch wieder gesund werde. Und er folgte meiner Bitte. Er kam zu mir ans Bett und fragte, was eigentlich mit mir los sei. Ich antwortete ihm, indem ich meine Krankheit schilderte. Meine Frau sagte dann noch, dass ich schon einige Tage nichts

Max Bruhn

gegessen hatte. Darauf schaute er zu mir und lachte. Im gleichen Ton sagte er dann fast wörtlich: ‚Es ist ja kein Wunder, dass du krank bist, wenn du nichts isst.' Er zog seine Geldbörse heraus, übergab meiner Frau zwei Danziger Gulden und veranlasste sie, sofort Kuchen zu holen. Ich war erstaunt und als meine Frau zurückkam, stellte sie einen hohen Teller Kuchen ans Bett. Jetzt sagte Bruno Gröning: ‚So, jetzt wirst du alles aufessen, ich bleibe solange hier, dann stehst du auf und bist gesund.' Zwar dachte ich, wie ich dieses nur schaffen werde, aber selbst zu meinem eigenen Erstaunen stellte ich fest, dass der Teller doch leer wurde. Darauf sagte er weiter: ‚So und jetzt stehst du auf und kommst nachher zu mir rüber, denn du bist ja gesund.' Tatsächlich, so war es. Er verabschiedete sich und ging. Ich stand anschließend auf und konnte nur feststellen, dass ich außer einer kleinen Bettschwere keinerlei Beschwerden hatte. Auch diese hielt nur noch eine kurze Zeit an. Am Nachmittag des gleichen Tages war ich dann, wie üblich, bei Bruno Gröning und ich war gesund. Wir blieben dann noch bis zum nächsten Morgen zusammen.

Selbst meine eigene Frau, die ja auch durch seine Hilfe gesund geworden ist, konnte diesen erneuten Beweis, den uns Bruno Gröning gab, kaum fassen."

Vorhersagen II

„Aufgrund, wo ich heute bei Bruno Gröning zu Gast sein darf, der Aufenthalt aber sehr begrenzt ist, da meine Heimreise bevorsteht, ist es mir nicht möglich, alle Einzelheiten in dieser kurzen Zeit aufzuzeichnen. Ich werde aber auf verschiedene Einzelheiten nochmals zu einem späteren Termin eingehen.

Einiges möchte ich aber besonders hervorheben. Und zwar handelt es sich um das Weltgeschehen, wie es sich in den vergangenen Jahren abgespielt hat, dazu auch die Teilung Deutschlands.

Selbst der Beginn und der gesamte Verlauf des Krieges ist haargenau eingetroffen, wie es Bruno Gröning vorhergesagt hat und wie es auch anders nicht sein konnte. Zeichnungen und vielerlei Beschreibungen lagen vor und schon damals sprach er hierüber in seinem damaligen Freundeskreis. Leider sind diese Aufzeichnungen durch die

Kriegseinwirkungen verloren gegangen. Doch bleiben sie fest in unserer Erinnerung.

Bruno Gröning machte seinerzeit sehr viele Fahrradtouren. Er zog es fast immer vor, anstatt Eisen- oder Straßenbahnverbindungen mit seinem Drahtesel, so bezeichnete er sein Fahrrad, zu unternehmen. Nie vergessen werde ich besonders eine Fahrt. Diese Fahrt, es war im Jahre 1937, wo ich zu diesem Zeitpunkt in Elbing, Westpreußen, wohnte. Die Entfernung betrug hin und zurück rund 160 Kilometer. Er legte diese Strecke an einem Tage zurück. Aber nicht alleine, sondern seinen Sohn hatte er ebenfalls auf seinem Drahtesel. Dazu war es ein stürmisches Wetter. Gerade bei diesem Besuch bei mir in Elbing sagte Bruno Gröning zu mir: ‚Wenn wir auch örtlich getrennt sein werden, so wirst du meine Worte und Taten aus aller Welt und im Rundfunk hören.' Dieses alles hat Bruno Gröning nicht nur mir alleine im Voraus gesagt, sondern auch in Gegenwart mehrerer Freunde. Heute, nach rund 10 Jahren, kann ich es nur bestätigen, dass alles so eingetroffen ist, wie Bruno Gröning es uns schon vorher geschildert hat. Auch kann ich nach den ca. 10 Jahren bestätigen, dass Bruno Gröning derselbe Mensch geblieben ist, wie ich ihn seinerzeit kennen gelernt habe."

Helfer in allen Bereichen

„Eines hat sich geändert und davon durfte ich mich bei meinem Besuch bei Bruno Gröning in diesen Tagen selbst überzeugen. Und zwar: Seine Hilfe erstreckt sich nicht nur auf einen kleinen Kreis, sondern er ließ seine Hilfe den Einzelnen in aller Welt zukommen. Viele Briefe aus verschiedenen Ländern liefen in diesen Tagen ein. Alle zeugten von großer Dankbarkeit für die Hilfe, die ihnen Bruno Gröning zuteil werden ließ. Dieses zeugt abermals von seiner unbeschreibbaren Kraft, wenn nur der Einzelne den Glauben in sich trägt.

Auch bei Menschen, die in einen gerichtlichen Prozess geraten waren und diese Prozesse schon längst verfallen waren, wurden von Bruno Gröning neu aufgerollt oder aber einzelne Mitmenschen waren nicht in der Lage, sei es krankheitshalber oder finanziell, der Verhandlung beizuwohnen, dann half Bruno Gröning. Es war ihm ganz gleich, ob er seine Zeit verlor oder auch Lohnausfall hatte.

Einzelheiten werde ich, wie zu anderen Punkten, zu einem späteren Termin bringen.

Kurz müsste ich noch erwähnen, dass Bruno Gröning einen großen Wert darauf legte, Menschen, die durch irgendwelche Fehltritte, Rauheiten, Gewalttaten straffällig wurden, zu belehren und ihnen wieder den Weg zum Guten, zur Wahrheit und Hilfsbereitschaft zu zeigen.

Der Glaube, die Wahrheit und das Gute wird immer, wie es uns Bruno Gröning oft sagte, alles Böse überwinden.“[46]

Hier wird das Ungewöhnliche im Wesen Bruno Grönings besonders deutlich. Er wollte nicht nur helfen, sondern er tat es auch. Er hatte von Gott die Macht bekommen, Taten zu vollbringen, die sonst nur sehr wenigen Menschen möglich sind. Nur ganz vereinzelt tauchen in der Geschichte Menschen auf, die Ähnliches bewirken konnten. Dies alles war aber auch nur deshalb möglich, weil Bruno Gröning vollkommen gotthörig war. So ist auch zu erklären, dass er erst im Jahre 1949 sein großes Wirken begann, das alle Menschen umschließen sollte. Er selbst hat einmal auf die Frage, warum er erst jetzt sein Wirken begonnen habe geantwortet:

„Gott hat mir erst jetzt den Befehl gegeben.“

Bis dahin musste er allerdings noch einen schweren Weg durch allerlei Entbehrungen, Krieg und Gefangenschaft gehen, um die Erfahrungen zu sammeln, die es ihm später ermöglichen sollten, alle Menschen zu verstehen und allen helfen zu können.

Die bittere Ehe

Am 17. März 1928 heiratete Bruno Gröning die Halbjüdin Gertrud Cohn. Er war einundzwanzig und zu Beginn der Ehe wohnten sie noch bei seinen Eltern, doch schon bald bezogen sie eine eigene Wohnung. Die Zeitschrift „Revue“ schrieb über diese Zeit:

„Er heiratete, unerfahren, einundzwanzigjährig, nur aus dem Drang heraus, irgendein Heim zu bekommen. Er heiratete ein Mädchen, das keine innere Beziehung zu ihm hatte, das aber auch dem Elternhaus entfliehen und selbständig werden wollte.“[47]

Auch die Ehe konnte Bruno Gröning nicht jenes Verstandensein bieten, wonach er sich schon im Elternhaus vergeblich gesehnt hatte. Die „Revue“ beschreibt seine Frau Gertrud als eine:

„primitive Frau mit beschränkter Auffassungsgabe, die auf keinen Fall Verständnis für Fähigkeiten haben konnte, die später selbst Wissenschaftlern Rätsel aufgaben.“[48]

Während es Bruno Gröning, der um seine Aufgabe wusste, allen Menschen zu helfen, zu den Menschen zog, war seine Frau Gertrud ein sehr zurückgezogener Mensch, die ihren Gatten mit niemandem teilen wollte und die für sein inneres Anliegen kein Verständnis hatte. Wenn jemand ihren Mann besuchen oder sprechen wollte, wimmelte sie ihn ab oder schlug einfach die Türe zu - selbst wenn Bruno zu Hause war. Bruno Gröning war ganz anders eingestellt. Er hieß jeden willkommen, bewirtete ihn gastlich und nahm sich Zeit für ihn, oft bis in die frühen Morgenstunden. Oft war er auch Stunden weg und ist manchmal erst in den Morgenstunden heimgekommen. Er ließ sich nicht einsperren und wenn er unterwegs war, dann war er nicht in Gasthäusern, sondern immer bei Menschen, die seine Hilfe brauchten oder die er durch seine Belehrung auf den rechten, göttlichen Weg führen konnte. Bruno Gröning schrieb selbst einmal über diese Zeit:

„Es erwies sich leider schnell, dass meine Frau keinerlei Beziehung hatte zu den Besonderheiten und dem Streben, das außerhalb meines Broterwerbs lag. Sie versuchte, mich zu hindern an meiner freien Tätigkeit anderen Menschen zu helfen bzw. sie zu heilen, und somit trat auch hier wieder die Spannung auf wie früher im Elternhaus, weil ich in eine primitive kleinbürgerliche Bahn gedrängt werden sollte.“[49]

Die „Revue“ schreibt weiter:

„Seine Frau hielt seine Fähigkeiten für Schrullen, verlachte oder beschimpfte ihn, weil sie in der Beschränktheit ihres ganzen Wesens nichts mehr fürchtete als Aufsehen zu erregen und lächerlich zu werden. Gröning sah sich unverstanden. Er war seinem Elternhaus entronnen, hatte dafür aber kein neues Zuhause gewonnen.“[50]

Dr. Kurt Trampler schreibt in seinem Buch „Die große Umkehr“ über die Ehe:

„In einer frühen Ehe findet der Einsame keine seelische Heimat. Die Frau steht verständnis- und fassungslos vor dem Ruf der Bestimmung, die Bruno Gröning zu einem Wirken drängt, zu dem sie keinen seelischen Zugang hat. So entzieht sie selbst die beiden eigenen Kinder seiner Heilkraft.“[51]

Bruno Gröning mit seiner ersten Frau Gertrud

Die Söhne Harald und Günther, der eine 1931 geboren, der andere 1939, bezeichnete Bruno Gröning viel später einmal im engsten Kreise seiner Freunde als zwei besondere Geister, die ihm an die Seite gestellt waren, um ihm bei seinen Aufgaben zu helfen. Sie seien seine besten Freunde gewesen. Grete Häusler erinnert sich:

„Es war 1955 in Stephanskirchen bei Rosenheim, als Bruno Gröning Folgendes erzählte: Zusammen mit einem seiner Söhne, den er vorne auf seinem Fahrrad in ein Körbchen gesetzt hatte, radelte er in eine Gegend hinaus, die das Kind noch nie gesehen hatte. Da sagte dieses: ‚Vati, jetzt werden wir zu einer Wiese kommen, da stehen viele Blumen und da wird ein Haus sein.' Es war tatsächlich so, wie das Kind vorausgesagt hatte. Bruno rannen Tränen über das Gesicht, als er davon sprach, denn beide Kinder sind im Alter von neun Jahren gestorben. Diese traurige Begebenheit im Leben Bruno Grönings ereignete sich folgendermaßen:

Als der erste Sohn Harald neun Jahre alt war, erkrankte er und seine Mutter sagte: ‚Er muss ins Krankenhaus.' Bruno aber sagte: ‚Nein, er bleibt zu Hause, ich kann ihm helfen.' Sie aber glaubte das nicht und antwortete: ‚Nein, du kannst ihm nicht helfen, er kommt ins

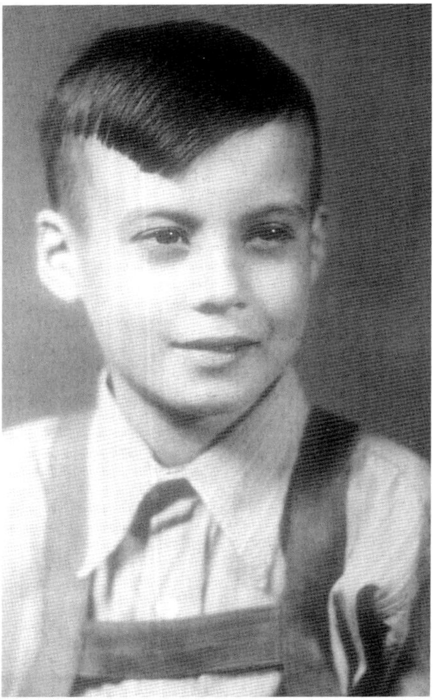

Bruno Grönings zweiter Sohn Günther

Krankenhaus. Der Arzt hat es gesagt, das muss sein.' Bruno sagte ihr dreimal, dass sein Kind zu Hause bleiben solle und hier gesund werden würde, aber sie glaubte nicht an seine Worte."[52]

Weil Bruno Gröning niemals einen Menschen zwang, ließ er sie nach ihrem Willen tun. Sie übergab den Jungen dem Krankenhaus, wo er kurze Zeit später im Juni 1940 starb. Das war noch in Danzig. Die „Revue" schrieb dazu:

„Heute fragt man, ob überhaupt die Kinder eines ‚Wunderdoktors', der Schwerstkranken hilft, sterben dürften. Konnte Gröning seinen eigenen Kindern nicht helfen? Das Verhältnis zu seiner Frau war zur Zeit der Krankheit des ersten Kindes Harald besonders gespannt. Sie hasste geradezu die Fähigkeiten ihres Mannes Kranken gegenüber und entzog ihm mit Eifersucht den Jungen, der an einem Herzfehler und einigen Folgekrankheiten litt. Sie wollte ihr Kind nicht seiner ‚Zauberei' ausliefern und brachte es in ein Danziger Krankenhaus, wo es dann starb. Gröning hatte andererseits auf dem Wege zur immer bewussteren Erkenntnis seiner Fähigkeiten herausgefunden, dass er überall dort hilflos war, wo die Kranken nicht von sich aus nach seiner Hilfe verlangten. Es war sinnlos, seine Hilfe aufzudrängen."[53]

Der gleiche Vorgang wiederholte sich nach dem Krieg bei dem zweiten Sohn Günther vermutlich im November 1947. Wieder glaubte Gertrud Gröning ihrem Mann nicht und auch Günther musste sterben. Bruno Gröning musste zuschauen und durfte seinen eigenen Söhnen nicht helfen. Beide starben im Alter von 9 Jahren. Auch dies gehört zu den Schicksalsschlägen, die er aufgrund seiner Bestimmung erleiden musste. Er sagte einmal darüber:

„Ich selbst habe zwei Kinder verloren, ich weiß, wie es ist, ich selbst musste es auch dulden. Aber ich habe den Tag gewusst, auch die Stunde, und musste dieses mit mir durchs Leben tragen. Dieses wisssen, dieses tragen, und dann noch nicht mal dabei verzagen! Aber wenn das so ist, meine Kinder sind nicht tot. Der Körper dieser Kinder ist nur tot, die Seele lebt weiter. Es wäre eine Schuftigkeit überhaupt, diesen Ausdruck zu brauchen: ‚Dieses Kind ist tot!' Nein, der Körper ist tot! Der Mensch, wie alle Lebewesen auf dieser Erde, läuft seinen Weg, geht sein Leben durch. Es ist Ihnen nicht unbekannt bei Tieren: In einem Jahr sind es Raupen, im andern Jahr Schmetterlinge und viele andere Tiere verwandeln sich auch. So ist es auch beim Menschen! Ich bitte Sie, überhaupt keinen Ihrer Angehörigen - für alle Zukunft, für Ihr weiteres Leben - für tot zu sprechen, wenn der Körper tot ist."

Erich Kuhlmann war 1947 mit Bruno Gröning befreundet. In einem Interview berichtete er über den Tod des zweiten Sohnes:

„Ich hab das ja miterlebt damals, wie das Kind starb, dass er mir sagte, seine Frau hätte es gegen seinen Willen ins Krankenhaus gebracht, das Kind. Und das hätte sie eben nicht tun sollen.

Frage: War er sehr betroffen darüber?

Kuhlmann: Ja, den Eindruck hatte ich, ja, schon."[54]

Die Beziehung Grönings zu seiner ersten Frau beschrieb Erich Kuhlmann wie folgt:

„Frage: Wie ist so im Nachhinein, wenn Sie das so rückblickend sehen, die Beziehung da so gewesen? Hatte seine Frau Verständnis für sein ...

Kuhlmann: Überhaupt nicht, ganz und gar nicht. Im Gegenteil, würde ich sagen, absolut kontra und das blieb auch so. Ich hab sie ja auch später besucht, ich hab ihr immer Geld gebracht in seinem Auftrag, und er ging ja nicht mehr zu ihr zurück. Er ist ja nie mehr zurückgegangen und je mehr über ihn geschrieben wurde, umso negativer wurde sie eigentlich. Ich hatte den Eindruck, dass sie hinterher auch nicht mehr normal reagierte, irgendwie, es war gar nicht mehr möglich ein vernünftiges Gespräch zu führen. Es war gar nicht drin.

Frage: Also Sie würden sagen, sie hatten nicht so eine Beziehung, wie Sie sie hatten, so eine geistige Verbundenheit.

Kuhlmann: Überhaupt nicht. Ganz und gar nicht. Das war auch bei der Frau gar nichts, da war gar kein Potenzial da dafür. Also den Eindruck hatte ich. Wie gesagt, der Tod des letzten Kindes muss da eine Rolle gespielt haben, wie im Einzelnen, weiß ich nicht.“ [55]

Gertrud Gröning wollte ihren Mann auch weiterhin an sich binden, aber es gelang ihr nicht mehr. Dr. Kurt Trampler schrieb dazu in seinem Buch „Die große Umkehr“:

„Nach dem Kriege machte sie nochmals den Versuch, Gröning in ein nüchtern-bürgerliches Leben zu bannen. Sie will für ihn arbeiten, wenn er nur von dem Heilen, wenn er nur von der Bestimmung, die sie nicht verstehen kann, ablasse. Da müssen sich Wege trennen, die unvereinbar bleiben.“ [56]

1949 verließ Bruno Gröning seine Frau, 1955 wurde die Ehe geschieden. Gertrud Gröning wollte ihren Mann für sich alleine haben, er aber wusste:

„Ich bin für alle Menschen gekommen!“

3. Teil Krieg und Vertreibung

Bruno Gröning als Soldat:
„Ob ihr mich an die Front stellt oder nicht,
ich erschieße doch keinen Menschen,
das kann ich nicht."

1943 wurde Bruno Gröning zur Wehrmacht einberufen. Wegen seiner Ansichten und Äußerungen wie „Ob ihr mich an die Front stellt oder nicht, ich erschieße doch keinen Menschen" kam es zu Reibungen. Er selbst beschrieb es einmal folgendermaßen:

„Es wurde mir z. B. auch das Kriegsgericht in Aussicht gestellt, ich kam aber schließlich an die Front. Ich hatte die Äußerung getan: ‚Ob ihr mich an die Front stellt oder nicht, ich erschieße doch keinen Menschen, das kann ich nicht.'"[57]

Schließlich kam er doch an die Front - nach Russland. Dr. Kurt Trampler schreibt dazu:

„Im Kriege steht Bruno Gröning an der Ostfront. ‚Ein guter Kamerad', sagen alle, die mit ihm die Schrecken Russlands erlebt haben."[58]

Später erzählte er, dass er tatsächlich keinen Menschen erschossen habe. Immer wenn er den Befehl bekam zu schießen, habe er nur in die Luft geschossen.

Immer wieder helfen

Einmal war er mit seiner Einheit auf der Fahrt durch ein russisches Dorf, in dem die Bewohner derart hungerten, dass schon einige verhungert waren. Wie zufällig rammte Bruno Gröning mit seinem Panzer das Eck eines Hauses, in dem große Lebensmittelvorräte der Armee gelagert waren. So konnten die ausgehungerten Menschen ihren Hunger stillen.

Immer wieder kam das eine Bedürfnis und der eine Wunsch zum Ausdruck - den Menschen zu helfen. Ob er als Kind den Geschwistern und Eltern in den Kriegswirren Essen besorgte, dem Wohnungssuchenden die Hälfte seiner Wohnung überließ oder dem Kranken Hilfe und Heilung vermittelte, so stand stets dieser eine Wunsch des Helfens dahinter, erwachsen aus einer großen Nächstenliebe. Später sagte er einmal:

„Helfen ist Liebe!"

Auch im Krieg handelte er immer nach diesem Grundzug seines Herzens.

1944 wurde er durch Granatsplitter am rechten Oberschenkel verwundet, ihm sollte das Bein abgenommen werden. Er ließ das nicht zu und sagte, dass er solches mit seinem Körper, über den er allein zu bestimmen habe, nicht machen lasse. Er kam ins Heimatlazarett, wurde jedoch als Ungeheilter auf deutschem Boden wieder im Kampf gegen die Russen eingesetzt.

Gefangenschaft

Im März 1945 geriet er in russische Kriegsgefangenschaft. Auch hier war es immer sein Wunsch gewesen, den Kameraden zu helfen. Bruno Gröning dazu:

„Den Ärmsten zu helfen, war auch mein Ziel, als ich nach dem Zusammenbruch mit vielen Landsern in einem russischen Gefangenenlager saß. Es war eine harte Zeit, denn es fehlte uns am Notdürftigsten. Meine Kameraden aber werden Ihnen bestätigen, dass ich damals keine Mühe gescheut habe, ihr und unser aller Los zu bessern.

So habe ich es nicht nur durchgesetzt, dass wir damals im Lager die Schösslinge von jungen Pflanzen sammelten und daraus einen Tee mit vielen Wirkstoffen kochten, sondern ich habe auch mitgeholfen, alle Möglichkeiten zu organisieren - mit und ohne Zulassung der Russen -, um unsere handwerklichen Fähigkeiten zur Besserung unserer Lage einzusetzen."[59]

Er war als Rebell bekannt, weil er sich insbesondere dafür einsetzte, dass die gefangenen Soldaten wenigstens wie das Vieh behandelt werden sollten. U. a. wurde er auch bei der russischen Lageraufsicht dadurch bekannt, dass er einmal einen Brief an Stalin schrieb, in dem er die schlechten Zustände im Lager schilderte. So berichtete Karl Lais, ein ehemaliger Kriegskamerad am 12. September 1954 in Stephanskirchen bei Rosenheim folgende Begebenheit:

Das Lager war sehr stark von Ungeziefer befallen, ganze Schöpfe Wanzen, Läuse und Flöhe waren dort und haben die Menschen gequält. Das Seltsame dabei war, dass alles befallen war, nur die Schlafstätte Bruno Grönings blieb von dem Ungeziefer verschont. Er ist dann zum Kommandeur des Lagers gegangen und hat gesagt: „Befehl von oben, es muss alles entlaust werden!" Und tatsächlich, der Befehl ist durchgeführt und alles entlaust worden. Dann ging er wieder hin und sagte: „Befehl von oben, es muss alles neu eingekleidet werden, die alten Sachen müssen weg!" Und auch diesmal ist der Befehl ausgeführt worden, da man davon ausging, dass der Befehl tatsächlich von einer höheren Dienststelle erlassen worden wäre.

Da auch das Essen sehr schlecht war und sehr viele Soldaten unter Hunger litten, ging Bruno Gröning dann ein drittes Mal zum Kommandeur und sagte diesmal: „Befehl von oben, es muss eine ordentliche Verpflegung her!" Und auch dieser Befehl von oben ist prompt ausgeführt worden. So hat Bruno Gröning seinen Kameraden unter Todesmut gutes Wasser, Entlausung, neue, warme Kleidung und besseres Essen erkämpft.

Aber auch auf andere Art und Weise hat er deutschen Soldaten in den Gefangenenlagern geholfen. Da die Verpflegung sehr schlecht war, litten viele der Gefangenen an Hungerödemen, lagen mit geschwollenen Bäuchen darnieder und warteten auf den Tod. Er riet diesen, sich aus den frischen Trieben der Tannen einen Sud zu kochen und diesen zu trinken. Die Männer kamen seinem Ratschlag nach, in der Hoffnung, dass dies ihnen tatsächlich helfen würde und so war der Glaube an die Gesundung in ihnen geweckt und Bruno Grönings Heilkraft konnte an ihnen wirken. Es sprach sich auch in anderen Gefangenenlagern herum und viele Männer sind so vor dem Tode bewahrt worden.

Dr. Kurt Trampler schreibt dazu in seinem Buch „Die große Umkehr“:

„In Petrosawodsk ist er in Gefangenschaft. Einer seiner Kameraden erzählte mir, dass er dort ein selbstloser Helfer seiner Leidensgenossen gewesen sei und dass er es auf rätselhafte Weise zuwege gebracht habe, viele Mitgefangene, die an Wassersucht litten, zu heilen.“[60]

Bruno Gröning schrieb später einmal:

„Sowohl während meiner Dienstzeit wie auch in der Gefangenschaft erzielte ich an kranken Kameraden Heilerfolge, doch war natürlich durch die äußeren Gegebenheiten systematische Arbeit und Vertiefung unmöglich.“[61]

Die Russen lassen ihn laufen

Als aber nun die Russen in den Lagern merkten, dass von der höheren Dienststelle gar keine entsprechenden Befehle erlassen worden waren, luden die beiden Obersten ihn zu sich, hielten ihm die Pistole auf die Brust und drohten, ihn zu erschießen. Sie fragten ihn, wie er das machen konnte ohne einen wirklichen Befehl von der höheren Dienststelle erhalten zu haben. Er blieb ganz ruhig und antwortete, dass es sehr wohl einen Befehl von oben gegeben habe, dabei wies er zum Himmel, ein Befehl von Gott. Dann fragte er sie: „Hättet ihr eure Kameraden verhungern lassen? Hättet ihr eure Kameraden kaputtmachen lassen?“ Später sagte er: „Da haben sie mich erkannt!“ Sie legten die Pistole beiseite und verhalfen ihm zur Flucht.

Nachdem er aus der Kriegsgefangenschaft entflohen und nach Hause gekommen war, war es in Russland bis zur obersten Stelle im Staat gegangen, was dieser Bruno Gröning für ein seltsamer Mensch war und was er für ein Wissen und Können besaß. Da die Sowjets damals die Weltherrschaft anstrebten, brauchten sie auch Menschen, die geistig etwas wussten und konnten. In der Zeit holten sie alle großen Wissenschaftler und Ingenieure zu sich und nun wollten sie auch unbedingt diesen Bruno Gröning haben. Es kam die Order hinaus, dass sie ihn tot oder lebendig haben wollten. Und es kam auch einmal ein mit geistigen Kräften befähigter Mann zu ihm, um ihn nach

Russland zu holen, aber Bruno Gröning war geistig stärker und so konnte der andere nichts ausrichten.

Unter diesem Druck, von den Russen gesucht zu werden, stand Bruno Gröning sein ganzes restliches Leben.

Auf der Flucht

Von einer anderen Begebenheit berichtete er einmal selbst Folgendes: Es war zu der Zeit, im Zuge des deutschen Zusammenbruchs, als die deutsche Armee sich auf dem Rückzug aus Russland befand, in der Nähe eines Bahnhofs. Die deutschen Soldaten standen mitten im feindlichen Granathagel. Im Bahnhof stand der letzte Zug, der noch in die Heimat führte, das wussten alle. Die meisten Soldaten liefen voller Angst und in Panik so schnell wie möglich zum Zug, um noch gerettet zu werden. Nicht so Bruno Gröning. Er ging ganz ruhig mitten durch den Granathagel hindurch. Während nun viele Soldaten in ihrer Panik direkt in die Bomben hineinliefen und umkamen, kam er unversehrt am Zug an und war gerettet.

Später machte er die Menschen immer darauf aufmerksam, wie wichtig es sei, sich die innere Ruhe nie nehmen zu lassen und immer auf die Hilfe und den Schutz Gottes zu vertrauen.

Auf der Heimfahrt nach Deutschland ist ihm Michael Pfitzmaier begegnet. 1995 berichtete er darüber in einem Interview:

„Da hat er halt gesagt, dass er Wunderheilungen machen kann, also ohne Arznei, ohne alles und so. Aber ich hab das nicht recht geglaubt. Bevor wir dann auseinander gekommen sind in Frankfurt an der Oder, da hat er mir das noch mal erzählt und hat mir allerhand erzählt, was er alles machen wird mal. Da hab ich ihm gesagt: ‚Du spinnst ja. Du hast ja einen Vogel!' Aber der war nicht beleidigt oder was. Und dann hat er gesagt: ‚Du wirst einmal ganz viel von mir in der Zeitung lesen.' Und so ist es auch gekommen. Das hab ich alles in der Zeitung dann gelesen, der ‚Wunderdoktor von Herford'. Da hat er noch gefragt, ob er mit mir mitfahren konnte nach Hause zu uns, weil nach Danzig wollte er anscheinend nimmer. Da hab ich gesagt: ‚Ich kann dich nicht mitnehmen, weil ich weiß ja selber nicht, was zu Hause los ist.' Und dann sind wir auseinandergekommen."[62]

Vertrieben

Im Dezember 1945 kam Bruno Gröning als Ostflüchtling nach Westdeutschland und landete schließlich im hessischen Dillenburg. Auch hier war sein erstes Bestreben darauf ausgerichtet, anderen Menschen, die in ähnlicher Situation waren wie er, zu helfen. So setzte er sich sehr für die Vertriebenen ein, wie auch sein Hilfsdienstausweis zeigt:

„Hilfsdienst der aus Böhmen und Mähren-Schlesien vertriebenen Deutschen im Dillkreis. Der Inhaber dieses Ausweises, Herr Gröning, Bruno, geb. am 31. Mai 1906 in Danzig, ist mit der Betreuung der im Dillkreis wohnhaften Vertriebenen aus dem ehemals aus dem deutsch besiedelten Osten im Rahmen des am 22. Juni 1946 von der US-Militärregierung in Dillenburg genehmigten Hilfsdienste beauftragt. Alle Ämter, Behörden und Organisationen des Staates, der politischen Parteien und der Wohlfahrtspflege werden gebeten, den Genannten bei seiner uneigennützigen Arbeit zu unterstützen.“[63]

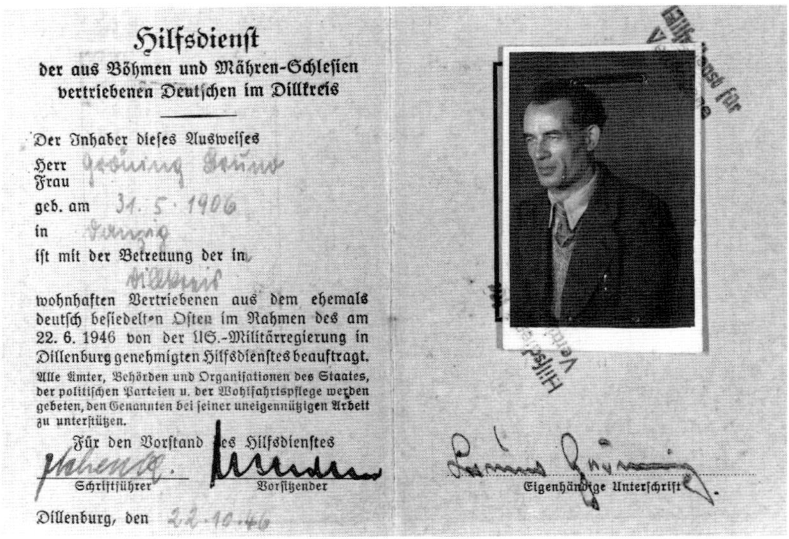

Hilfsdienst
der aus Böhmen und Mähren-Schlesien
vertriebenen Deutschen im Dillkreis

Der Inhaber dieses Ausweises
Herr / Frau Gröning Bruno
geb. am 31. 5. 1906
in Danzig
ist mit der Betreuung der im
Dillkreis
wohnhaften Vertriebenen aus dem ehemals deutsch besiedelten Osten im Rahmen des am 22. 6. 1946 von der US.-Militärregierung in Dillenburg genehmigten Hilfsdienstes beauftragt.
Alle Ämter, Behörden und Organisationen des Staates, der politischen Parteien u. der Wohlfahrtspflege werden gebeten, den Genannten bei seiner uneigennützigen Arbeit zu unterstützen.

Für den Vorstand des Hilfsdienstes
Schriftführer — Vorsitzender
Dillenburg, den 22.10.46

Bruno Gröning
Eigenhändige Unterschrift

„Ich glaube, dass diese notdürftig improvisierten Hilfeleistungen damals für viele Flüchtlingsfamilien der erste Lichtblick nach einer harten und erbarmungslosen Zeit waren.“

Bei einem Zeitungsinterview 1957 zeigte er dem Reporter diesen Ausweis und sagte:

„Das war dann die nächste Station nach der Gefangenschaft. Trotz Verbot der Amerikaner organisierte ich damals mit wenigen Helfern in vielen, vielen Gemeinden Hessens ein Hilfswerk für Vertriebene. Ich glaube, dass diese notdürftig improvisierten Hilfeleistungen damals für viele Flüchtlingsfamilien der erste Lichtblick nach einer harten und erbarmungslosen Zeit waren.“

Bruno Gröning hatte ein besonders tiefes Verständnis für alle Nöte der Bedrängten und Notleidenden. Auch später noch half er oft genug Menschen, die heilungssuchend zu ihm kamen, nicht nur gesundheitlich, sondern er gab ihnen darüber hinaus auch noch von dem wenigen Geld, das er besaß.

Er wohnte zunächst bei Freunden und Bekannten und nahm jede Arbeit an, die sich ihm bot, um seinen Lebensunterhalt zu verdienen. Zeitzeugen berichten von den unterschiedlichsten Tätigkeiten. So soll er aus alten Gummireifen und Segeltuch Schuhe gemacht haben,[64] mit einem anderen Vertriebenen eine Handelsvertretung gehabt und Farben verkauft haben.[65]

1947 fand er seine Frau in einem Flüchtlingslager in Schleswig und holte sie zu sich nach Dillenburg.

Sie führten ein ärmliches Leben. Er berichtete selbst einmal, dass er nur ein Hemd besaß. Dieses wusch er jeden Tag und als der Kragen kaputt war, entnahm er aus dem untersten Teil des Hemdes den Stoff für einen neuen, den er selbst wieder annähte. Die Leute sprachen darüber, was er für ein feiner Herr sei, weil er jeden Tag frisch angezogen war. Als er das erzählte, schmunzelte er schelmisch.

Die Flüchtlingswohnung befand sich in einem großen Kaufhaus unter dem Dach. Sie bestand aus einem Raum. Um zu dem Zimmer zu gelangen, musste man über einen angerümpelten Dachboden laufen. Das Zimmer war klein und die Einrichtung bestand nur aus einem Schrank, Herd, Tisch und Bett.

Ein Freund berichtet

Erich Kuhlmann war von 1947 bis 1950 eng mit Bruno Gröning befreundet. In einem Interview berichtet er über die gemeinsame Dillenburger Zeit:

„Das müsste im Jahr 1947 gewesen sein, in Dillenburg, in Hessen. Ich war damals ehrenamtlich bei einer Flüchtlingshilfsorganisation tätig und eines Tages traf ich in diesem Büro Bruno Gröning, der ebenfalls für diese Organisation arbeitete. Dieses Büro war in der Nähe eines Zigarettenladens; und wir stehen da so und plötzlich bietet er mir eine Zigarette an. Und das war für die damalige Zeit schon etwas ungewöhnlich, denn es gab ja kaum was. Es war ja noch diese schlechte Zeit. Ich hab mir eine Zigarette genommen, hab ihn mir angeguckt und wir kamen ins Gespräch. Und von diesem Zeitpunkt an haben wir uns eigentlich jeden Tag gesehen. Irgendwie hat er mich fasziniert. Ich war in der Nähe auf einem Bauerndorf mit meiner Familie. Wir waren also beide Flüchtlinge, lebten unter äußerst primitiven Umständen.

Was mich bei ihm gewundert hat, war Folgendes: dass jeder, der zu ihm kam, eine Suppe kriegte. Wie gesagt, es gab ja nicht viel damals. Es war immerhin doch bemerkenswert und das ist mir schon aufgefallen damals. Jeder bekam eine Suppe. Das war so ein gewisses Prinzip.

Sobald ich irgendwie konnte, war ich bei ihm. Wir haben also ganze Tage verbracht, bis in die Nächte hinein, interessante Gespräche geführt. Weil er war eigentlich ein Mann, mit dem man Dinge erörtern konnte, die nicht so üblich waren. Und er hatte auch eigentlich für alles eine sehr treffende Antwort, möchte ich sagen. Er war kein Intellektueller. Man würde heute sagen, er war sogar ungebildet. Aber er war auch nicht verbildet. Was er hatte, war eben Herzensbildung und seine Antworten waren manchmal geradezu weise. So würde ich das heute sehen. Jedenfalls hat er mich so fasziniert, dass ich eigentlich immer wieder mit ihm zusammen war.

Ja, man konnte, wir würden heute sagen, über spirituelle Themen mit ihm reden. Und mit wem konnten Sie damals schon über so etwas reden, auch religiöse Themen, und ich war auf einem Bauerndorf da evakuiert als Flüchtling, also, da gab es keine Ansprechpartner, ne? Er war also wirklich der einzige Ansprechpartner, mit dem ich so etwas besprechen konnte und dem ich auch Fragen stellen konnte und Meinungen hören konnte, nicht wahr, nicht? Obwohl er, wie gesagt noch einmal kein Intellektueller war, das muss ich immer wieder betonen. Aber er hatte eben einfach Wissen, was aus ihm kam und konnte einem manche Fragen einfach beantworten.

Na, kurz und gut, wir haben also versucht, geschäftlich auf die Füße zu kommen und er hat mir nie etwas von Heilungen von früher erzählt.

Bruno Grönings Wohnung in Dillenburg - ein kleines Zimmer unter dem Dach

Das waren eigentlich keine Themen zwischen uns. Und wie gesagt, geschäftlich ging es in den Graben, mehrere Versuche, es wurde nichts. Und wie wir so ganz parterre waren, dann erzählte er mir in einer Nacht plötzlich, was er einmal alles tun würde, dass tausende Leute zu ihm kämen, dass er heilen würde, dass Wissenschaftler kämen. Und dann habe ich so langsam meine Bedenken gekriegt. Und ich habe gesagt: ‚Also, jetzt reicht es eigentlich. Jetzt haben wir schon gerade diese Pleite erlebt, jetzt kommt er damit. Also, alles, was recht ist.' Na ja, und dann hat er gesagt, ich würde dann bei ihm sein, er bräuchte mich. Mh, das war ja noch schöner."[66]

„Ein kumpelhafter Typ“

Die meisten Menschen, die Bruno Gröning näher kennen lernten, hatten einen durchaus positiven Eindruck von ihm. Sie empfanden ihn als liebenswürdig, als einen „kumpelhaften Typ“,[67] einen „umgänglichen Menschen“,[68] als diszipliniert und kameradschaftlich.[69]

Neben seinem Engagement für die Vertriebenen setzte sich Bruno Gröning auch für die Jugend ein. Er leitete eine Laienspielgruppe, die auf Veranlassung des Kreisjugendpflegers gegründet worden war und hauptsächlich der Jugend zur Beschäftigung dienen sollte.[70] Fritz Weber, seinerzeit Mitglied der Gruppe, berichtet:

„Und da baute er dann diese Laienspielgruppe auf, dass wir auf die Dörfer gingen. Es wurde gesteppt, es wurde gesungen und in der Hauptsache natürlich diese Laienspiel-Theateraufführungen. Das war die Hauptsache. Und da war dann der Herr Gröning mit der Zeit dann der Boss. Wir hatten keinen richtigen Verein. Ich kann also nicht sagen, er war der Vorsitzende, sondern er war der Macher dann von dieser Gruppe.

Wir waren damals auch noch alle jung und wir waren froh, dass ein Erwachsener, der also schon ein bisschen Lebenserfahrung hatte, ein Älterer, der auch im Krieg war, dass der uns so ein bisschen unter die Fittiche nahm und uns führte.

Wir waren nur froh, wir konnten spielen, und nach dem Spielen auf den Dörfern haben wir dann in den Gaststätten Essen bekommen, ob das nun mal ein Würstchen war oder mal ein Steak. Na, Steak gab es damals, glaube ich, noch nicht, ein Schnitzel oder so etwas, da waren wir schon froh drüber. Es war ja kurz nach der Währung, es war ja nichts da für uns Jungen und er brachte uns auch, will mal sagen, indirekt ein bisschen Manieren bei, z. B. wie man im Lokal isst. Da ist mir noch eins in Erinnerung, dass ich mal sagte, hier ist aber der Senf und das Würstchen sehr scharf. Er klärte mich auf und sagte, das wird in den Gaststätten immer sein. Die wollen Geld verdienen, da muss dann getrunken werden, deswegen werden die Sachen scharf gemacht. Das war so eine Episode, die ich noch gut in Erinnerung habe. Und so hat er uns ein bisschen geführt. Das hat uns auch Spaß gemacht, wenn er auch manchmal sehr streng war. Disziplin war ein und alles bei ihm. Das muss ich sagen.

Das hatte einen positiven Eindruck. Ich muss sagen, ich bin von zu Hause auch nicht verwöhnt worden. Mein Vater ist im Krieg gefallen.

Wir kamen jetzt nach dem Krieg als junge Menschen und wir waren da froh und dankbar für jeden, der uns da ein bisschen geleitet hat und uns ein bisschen geholfen hat, wie wir in der Zukunft uns zu bewegen haben. Deswegen war das nicht schlecht und wir haben das auch gerne, zumindest ich, aufgenommen.

Er stellte was dar, zwar nicht so das Äußerliche. Er hatte ja einen sehr starken Halt. Sein Benehmen war doch schon etwas anders als bei einem Normalbürger, das ganze Bewegen. Ja, er schlenderte nicht. Er ging gerade, aufrecht. Wie gesagt, wir waren jung und für uns war das schon damals eine kleine Persönlichkeit, auch in seinen Äußerungen.

Er war auch kameradschaftlich und versuchte, wie gesagt, uns Jungens oder uns Jüngere ein bisschen zu führen. Nur manchmal, das fanden wir erst später heraus, da war er auch manchmal sehr unnahbar. Da war nicht mit ihm zu sprechen, wenigstens nicht so kameradschaftlich zu sprechen. Da konnte man nicht an ihn herankommen. Und dann haben wir ihn gelassen. Dann hat er sich auch bei den Proben abends oder bei den Zusammenkünften auch nicht lange mit uns unterhalten. Er ist auch nicht lange dann dageblieben. Das ist uns später aufgefallen. Da haben wir schon da mal gedacht, da hat er schon wahrscheinlich irgendwie innerlich so etwas gespürt, was er später bekannt gab. So kannten wir ihn vorher nicht. Dann gab es öfter diese Momente abends, wenn wir zusammen waren, dass er wie gesagt unnahbar war. Da war nicht mit ihm zu sprechen.

Ja, das war auch in einer kleinen Gemeinde vor Weihnachten, wo wir also unser Theaterstück aufführen wollten mit dem Singen und Steppen. Da haben wir uns gedacht - das war übrigens auch ein Vorschlag vom Herrn Gröning -, wir sind mittags ja schon da, dann könnten wir auch was für die Kinder tun. Es war vor Weihnachten. Dann laden wir alle Kinder ein und machen einen Nikolaus. Na gut, aber was, wir haben keine Geschenke und nichts. Da sagte er: ‚Ach, da brauchen wir keine Geschenke.' Und er spielte den Nikolaus überraschend, weil er sonst nie mitgespielt hat in einem Theaterstück. Er führte nur Regie. Er war der Boss, aber mitgespielt oder sonst irgendetwas hat er nie. Er hat zwar am Anfang der Veranstaltung die Leute begrüßt, aber nun spielte er den Nikolaus. Er ist dann auf die Bühne gekommen und hat dann die Kinder auf die Bühne geholt, hat mit ihnen gesprochen, wie man es so macht als Nikolaus: Wart ihr lieb, habt ihr Schulaufgaben gemacht? Und die Kinder waren alle erfreut, ohne dass da irgendein Geschenk ausgegeben wurde. Da haben wir uns gewundert, wie er so echt und schön und gut den Nikolaus spielte, weil wir von seinen schauspielerischen Talenten nichts wussten. Er hat ja nie mitgespielt. Das fanden wir hervorragend. Ich glaube, an diesem Abend war er auch anschließend nach der anderen Veranstaltung sehr lustig. Das war vor Weihnachten, das war dann der Schluss des Jahres. Wie wir nachher noch zusammengesessen haben, da war er auch wirklich ein Mensch wie wir auch. Vielleicht rührte das daher, dass er den Nikolaus spielte und die Kinder hatte.“[71]

Die Aufgabe erwacht

Schon seit einiger Zeit hatten Fritz Weber und die anderen Mitglieder der Theatergruppe gemerkt, dass eine Veränderung mit Bruno Gröning vor sich ging. Er wurde ernster und wirkte oft unnahbar. Möglicherweise spürte er das Nahen einer neuen Phase seines Lebens. Einer Phase, die geprägt sein sollte von vielen geheilten Menschen, aber auch vielen Anfeindungen, Beschimpfungen und Verleumdungen gegen seine Person. Er wusste, was ihm bevorstand. Er hatte es Michael Pfitzmaier auf dem Rücktransport von der Ostfront erzählt, Erich Kuhlmann in einem abendlichen Gespräch und auch Fritz Weber gegenüber deutete er an, was nun vor ihm lag:

„Wir wollten proben den Abend und uns fehlte der Boss, der also auch Regie führte und uns zeigte, wie man spielen sollte. Nachdem wir längere Zeit gewartet hatten, bin ich dann zu ihm gegangen, weil es nur ein paar Schritte waren von der Schule bis zur Wohnung. Er war zu Hause, auch seine Frau. Ich habe ihn dann gefragt, weshalb er nicht kommt oder kommt er noch? Da hat er zu mir gesagt: ‚Ich komme nicht mehr. Gott hat mir Fähigkeiten gegeben, dass ich Kranke heilen kann.‘ Das war nicht wortwörtlich, aber so ähnlich sagte er das. Da habe ich gelacht und gesagt: ‚Was soll der Blödsinn?‘ Was man dann alles so sagt. Darauf sagte er: ‚Nein, bitte, nimm das ernst, das stimmt.‘“[72]

Bruno Gröning selbst schrieb einmal über diese Zeit:

„Nach der Währungsreform, als sich alles mehr beruhigte und stabilisierte, wandte ich mich wieder meiner Aufgabe zu, kranke Menschen zu heilen; diesmal in der Absicht, nicht mehr von meiner Mission zu lassen und alles daranzusetzen, ein legales Betätigungsfeld für meine Aufgabe zu finden. Ich machte mir anfangs weniger Kopfzerbrechen über den theoretischen und behördlichen Teil, der hiermit verknüpft war und fuhr fort, mich meiner Sache voll zu widmen."[73]

Erstes Wirken im Ruhrgebiet

Er ging ins Ruhrgebiet und bewirkte, noch bevor er im März 1949 in Herford an die Öffentlichkeit gezerrt wurde, viele Heilungen. Aus dieser Zeit liegen einige eidesstattliche Erklärungen vor, wie z. B. die von Elisabeth Janssen aus Duisburg-Beeck vom 25. Februar 1949:

„Bei der Pflege meiner nervengelähmten Nachbarin lernte ich Herrn Gröning kennen. Dr. med. Wink machte uns auf Herrn Gröning aufmerksam. Bei seinem zweiten Besuch bei meiner Nachbarin am 24. Februar 1949 klagte ich ihm, dass meine Tochter in Ruhrort an Grippe erkrankt sei und zeigte ihm auch mein Enkelchen, das ebenfalls mit der Grippe anfing. Durch eine kurze Behandlung[74] bei dem Kind wich sofort das Fieber und der Husten ließ am selben Abend noch nach. Von meiner Tochter hatte ich nur ein Foto bei mir. Herr Gröning behandelte meine Tochter nach diesem Foto und versicherte mir, um 20 Uhr würde das Fieber sie verlassen. Als ich am 25. Februar zu meiner Tochter kam, war sie vollständig fieberfrei, und zwar seit dem Abend vorher. Wir sind Herrn Gröning sehr dankbar und hoffen noch öfter auf seine Hilfe."[75]

Die Verfasserin folgender Erklärung ist wegen unleserlicher Unterschrift leider nicht bekannt:

„Ich war Zeuge folgenden Vorganges: Meine Schwester, Frau Heise, Brackwede, ist seit 17 Jahren krank. Sie leidet an Basedow'sche Krankheit, woran sie auch schon operiert wurde. Durch diese Krankheit und vieles Einnehmen ist der Körper ganz vergiftet und zog mehrere Krankheiten nach sich. Sie leidet an Nervenentzündungen im Rücken und in den Beinen, schwerem Herzfehler, Magen-, Leber- und Gallenerkrankung und dauernden Gehirnschmerzen und Angstgefühl im Halse. Seit 17 Jahren ist sie in dauernder ärztlicher Behandlung, bisher aber ohne Erfolg. - Nun lernte ich durch Bekannte Herrn Gröning kennen. Mit ihm fuhr ich zu meiner Schwester. Er erkannte sofort, ohne vorherige Informierung, die Krankheiten meiner Schwester und nannte ihr die schmerzenden Körperstellen und übertrug sogar die Schmerzen auf meinen daneben sitzenden Vater und einen anderen Zeugen. Am Ende der Behandlung[76] fühlte sich meine Schwester frei von Schmerzen und konnte sogar ohne Schmerzen die Treppe herauf- und heruntergehen, was ihr vorher sehr beschwerlich war. Es grenzte fast an ein Wunder, ist für uns unfassbar, wie so etwas möglich sein kann.“[77]

Die folgende Erklärung vom 23.Februar 1949 aus Duisburg-Beeck ist gezeichnet mit Winkels:

„Hatte das große Glück, am 30. Januar 1949 Herrn Gröning kennnen zu lernen. Meine Tochter, die durch Kinderlähmung schon neun Jahre am rechten Bein gelähmt ist, wurde von ihm behandelt.[78] Bis heute ist meine Tochter sechsmal von Herrn Gröning behandelt worden. Sichtbare Zeichen einer Heilung sind vorhanden. Es war mir vergönnt, Zeuge verschiedener schwerer Fälle zu sein. Einen besonderen Fall möchte ich herausgreifen. Ein junger Mann, der von Herrn Gröning in meiner Wohnung behandelt[79] wurde, zeigte ihm das Bild seines Schwiegervaters, der an offener TB leidet. Von meiner Wohnung aus behandelte Herr Gröning anhand des Bildes den TB-Kranken. Er sagte dem jungen Mann, er möchte seinem Vater sagen, dass er seinen Körper beobachten solle. Nachdem der junge Mann meine Wohnung verlassen hatte, sagte Herr Gröning mir, was mit dem Kranken geschehen würde. Am anderen Morgen nach 12 Stunden kam der junge Mann zu mir und sagte alles genau so, wie Herr Gröning es mir am Abend vorher gesagt hatte. Bin gerne bereit, jeden von mir mit beigewohnten Fall zu schildern. Alles dies niedergeschrieben: erkläre ich an Eides statt, Winkels.“[80]

Einen sehr eindrucksvollen Bericht über die Tätigkeit Bruno Grönings in jener Zeit lieferte am 24. Februar 1949 Ferdinand Kleinholz jr. Er schrieb u. a.:

„Am Samstag, den 22. Februar 1949, 8 Uhr, lernte ich Herrn Gröning durch Frau Hanne Nünninghoff in deren Wohnung kennen. Herr Gröning behandelte[81] in meiner Gegenwart einen Hilfsarbeiter unserer Firma, Werner Ott. Der Junge ist äußerst schwachsinnig. Herr G. will dem O. diese Krankheit entfernen. Herr G. behandelte den

Jungen wie folgt: O. saß vor ihm auf einem Stuhl ohne mit dem Rücken die Lehne zu berühren. Herr G. sprach den Jungen auf seine Art an und O. bestätigte die Gefühle in seinem Körper und Kopf, wie G. sie beschrieb. O. sprach dann die Stellen an seinem Körper alleine an. Die Behandlung dauerte ca. ¾ Stunde.

Danach behandelte er mich auf dieselbe Art. Ich konnte die Beschreibung der Gefühle in meinem Körper nur bestätigen, wie sie mir Herr G. beschrieb.

Am Sonntag, den 23. Februar 1949 war Herr G. in meiner Wohnung. Mein 4 Monate altes Töchterchen zeigte in letzter Zeit sehr nervöse Bewegungen und war, sobald sie wach war, kolossal unruhig. Herr G. behandelte mein Töchterchen am obig angegebenen Morgen gegen 10 Uhr nur einige Minuten. Seit der Zeit haben meine Frau und ich keine besondere Nervosität bei unserem Töchterchen mehr festgestellt. Am selben Morgen wurden meine Frau, meine Schwägerin und meine Mutter von Herrn G. zusammen behandelt. Alle drei bestätigen eine Wirkung seiner Behandlung zu verspüren.

Am Nachmittag desselben Tages bat Herr G. mich, zu einigen Fällen in Beeck ihn zu begleiten. Auf einem Bauernhof in Beeck erwarteten uns drei Damen und eine Mutter mit ihrem ca. 10 Monate alten Töchterchen. (Die Namen und Daten der Personen sind mir unbekannt.) Die Behandlung begann sofort in meinem Beisein. Die Behandlung war, wie vor angedeutet. Unter den Damen war eine mit einer Hüftgelenkerkrankung. Die Dame legte beim Laufen ihr ganzes Körpergewicht auf die gesunde Seite und konnte nur ganz wenig mit ihrem kranken Bein auftreten. Nach der Behandlung der Dame habe ich festgestellt, dass diese voll auf ihr krankes Bein auftreten konnte und einen besseren Gang als vorher zeigte. Die Behandlung dauerte ca. 1½ Stunden.

Die Mutter des Kindes erzählte mir, dass ihr Kind fast dieselbe typische Gangart der Hüftgelenkerkrankten hatte wie die Dame. Das kleine Mädelchen lief an diesem Tage in meiner Gegenwart fast normal. Man konnte nur noch eine leichte Steifheit merken. Alle Personen beschrieben die Gefühle genauso wie die vorherigen. Herr G. berührte keinen Patienten[82] mit den Händen oder gab Medikamente.

Gegen 18 Uhr ging ich mit Herrn G. in eine andere Wohnung in Beeck. Hier warteten zwei Herren und drei Kinder auf seine

Behandlung. Ein Herr mit einer gelähmten Hand, den er am Tage vorher schon behandelt hatte, wurde in meinem Beisein nochmals behandelt. Ich stellte fest, dass die Bewegungen seiner Finger nach der Behandlung bedeutend schneller gingen und der Druck seiner Hand fester war als vordem. Der andere Herr, der ein Magengeschwür hatte, erzählte in meiner Gegenwart Folgendes: ‚Nach meiner Behandlung am Samstag hatte ich mich zur Ruhe gelegt. Ich hatte plötzlich das Gefühl, dass etwas von meinem Magen aus immer höher stieg, in den Kopf bis unter die Schädeldecke und dann mit einem Ruck durch den Kopf flog. Ich weiß nicht, ob ich träumte oder im halbwachen Zustand war.' Dieser wurde auch in meiner Gegenwart nochmals behandelt. Herr G. behandelte dann noch die drei Kinder, darunter einen vierjährigen Jungen (ein Sohn des Herrn mit dem Magengeschwür), die alles das ansprachen, wie Herr G. es beschrieb.

Vor einer neuen Behandlung fragte Herr G. jeden Patienten, ob er an Gott glaube, denn diese seine Gabe hätte er von Geburt an und erkenne darin eine Gottesgabe.

Mir fiel es noch auf, dass Herr G. während der Behandlung rauchen und trinken konnte, ohne dadurch gestört zu sein. Auch sah er während der Behandlung aus dem Fenster, die Patienten sprachen aber weiter ihre Gefühle an. Auch habe ich festgestellt, dass Herr G. mehrere Personen auf einmal behandelte.“[83]

Aus diesen und weiteren vergleichbaren Schilderungen kann man schließen, dass Bruno Gröning Anfang 1949 in Duisburg, wahrscheinlich auch darüber hinaus, einen gewissen Bekanntheitsgrad hatte. So erfuhr auch der Herforder Ingenieur Hülsmann von ihm. Er suchte ihn im März 1949 auf und bat ihn zu seinem kranken Sohn Dieter. Bruno Gröning kam dem Wunsch nach und begab sich Anfang März zur Familie Hülsmann nach Herford.

Anhang

Lebenslauf vom 27. Dezember 1956

„Ich, Bruno Gröning, wohnhaft in Plochingen (Neckar), Stumpenhof, Im Dornendreher 117, wurde als viertes Kind von sieben Geschwistern des Ehepaares August Gröning und Margarethe am 31. Mai 1906 in Danzig-Oliva geboren. Mein Vater war Maurerpolier. Beide Eltern sind verstorben; meine Mutter im Jahre 1939, mein Vater im Jahre 1949.

Während meiner Kindheit und Jugendzeit, die ich im Elternhaus verbrachte, machte ich mehr und mehr die Feststellung von sonderbaren Fähigkeiten, die - von mir ausgehend - dazu angetan waren, beruhigenden oder heilenden Einfluss auf Menschen und Tiere auszuüben.

Bereits als Kleinkind wurden in meinem Beisein kranke Menschen von ihren Beschwerden frei und Kinder, wie auch Erwachsene wurden bei Aufregung oder Streit durch einige Worte von mir völlig ruhig. Ich habe auch als Kind die Feststellung machen können, dass Tiere, die für gewöhnlich als scheu oder auch als bösartig galten, sich mir gegenüber als gutmütig und zahm zeigten. Mein Verhältnis zum Elternhaus war daher sonderbar und gespannt. Ich strebte bald nach völliger Selbständigkeit, um aus der Umgebung des ‚Missverstandenseins' meiner Familie herauszukommen.

Ich besuchte die Volksschule. Nach der Entlassung aus dieser ging ich in die kaufmännische Lehre. Hier war ich zweieinhalb Jahre. Diese Lehrstelle musste ich aber auf Verlangen meines Vaters deshalb aufgeben, weil es meines Vaters Wunsch war, dass ich ein Bauhandwerk erlernen sollte. Ich folgte dem Wunsch meines Vaters und erlernte den Zimmererberuf. Zu einem Abschluss durch eine Prüfung kam es jedoch nicht, da zur damaligen Zeit in Danzig große Arbeitslosigkeit herrschte. Aus diesem Grund musste ich ¼ Jahr vor Beendigung der Lehrzeit ohne Abschlussprüfung meine Lehrstelle aufgeben, denn die Firma, bei der ich lernte, musste wegen Mangel an Aufträgen schließen.

Im Jahre 1925 gelang es mir, eine Bau- und Möbeltischlerei zu errichten und mich selbständig zu machen. Nach fast zwei Jahren stellte ich diese Tätigkeit ein und schaffte als Fabrik- und Gelegenheitsarbeiter bis zum Jahre 1943. So arbeitete ich in einer Schokoladenfabrik, beim Postamt Danzig, auch als Telegrammbesteller ca. neun Monate und bei der Firma Siemens und Halske als Schwachstrommonteur. Hier habe ich die meisten Arbeiten selbständig ausgeführt. Alle diese Arbeiten habe ich mit Interesse verrichtet und besonders lag es mir daran, ein Praktikum durchzumachen, wobei ich das Wissen und Können der Menschen in allen Lebenslagen und allen Volksschichten studieren konnte und erfuhr, wie die Menschen ihr Leben gestalteten. Ich suchte nicht nur die Ärmsten der Armen, sondern auch die Reichsten der Reichen, um kennen zu lernen, wie sie lebten. Ein Privatleben, wie man es im gewöhnlichen Sinne versteht (Kinobesuch, Aufsuchen von Wirtshäusern, Kartenspiel usw., usw.) interessierte mich nicht.

Im Alter von 21 Jahren verheiratete ich mich mit Gertrud Cohn aus Danzig. Dieser Ehe sind zwei Kinder entsprossen, die zwischenzeitlich gestorben sind.

Schon sehr früh zeigte sich bei mir eine besondere Anlage, auf Mensch und Tier beruhigend und heilend einwirken zu können, wie dies bei manchen Menschen seit urdenklichen Zeiten oft der Fall ist. Diese Wirkung war bei entsprechend veranlagten Personen so stark, dass psychische und körperliche Störungen, die durch andere Heilmethoden nicht mehr beeinflussbar waren, ausheilten, oder sich wesentlich besserten.

1943, im Alter von 37 Jahren, wurde ich zur Wehrmacht einberufen. Wegen meiner Auffassung kam es zu Reibungen. So wurde mir z. B. das Kriegsgericht in Aussicht gestellt, denn ich hatte die Äußerung getan: ‚Ob ihr mich an die Front stellt oder nicht, ich erschieße doch keinen Menschen.' Ich kam aber schließlich doch an die Front.

1944 wurde ich durch Granatsplitter am rechten Oberschenkel verwundet. Dieserhalb kam ich ins Heimatlazarett, wurde jedoch als Ungeheilter auf deutschem Boden wieder in den Kampf gegen die Russen eingesetzt und geriet im März 1945 in russische Kriegsgefangenschaft. Dezember 1945 wurde ich aus der russischen Kriegsgefangenschaft nach Westdeutschland entlassen.

In den russischen Gefangenenlagern habe ich mich in jeder Weise für die gefangenen Kameraden eingesetzt, wofür ich dreimal zur russischen Kommandantur zum Verhör geführt wurde; in einem Fall wurde mir mit dem Erschießen gedroht. U. a. verlangte ich auch, dass unsere deutschen Gefangenen wenigstens so wie das Vieh behandelt werden sollten, denn die Behandlung der Gefangenen war damals weit schlechter als die des Viehs. Auch hier war es mir wiederholt vergönnt, kranken Kameraden in scheinbar hoffnungslosem Zustand Hilfe und Linderung zu verschaffen.

Nach meiner Entlassung aus der Kriegsgefangenschaft im Jahre 1945 nahm ich in Dillenburg Wohnung und holte meine Frau, die als Flüchtling in Schleswig untergekommen war, zu mir. Um unseren Lebensunterhalt zu verdienen, nahm ich jede Arbeit an, die mir in der Nachkriegszeit geboten wurde.

In Westdeutschland habe ich zusammen mit Flüchtlingen aus dem Sudetengau das ‚Hilfswerk der Vertriebenen' ins Leben gerufen. Auch gehörte ich der Wohnungskommission an, denn ich fühlte mich wieder verpflichtet, den Menschen zu helfen. [...]"[84]

Aus einer polizeilichen Vernehmung 1955

„Ich wurde am 31. Mai 1906 in Danzig als Sohn des Maurerpoliers August Gröning geboren. Ich hatte noch sechs Geschwister und zwar zwei Schwestern und vier Brüder. Meine Eltern wohnten in Danzig-Oliva, Rothöfer Weg 1. Mein Vater war immer berufstätig. Wir hatten unser Auskommen.

In Danzig besuchte ich sechs Jahre lang die Volksschule. Damals musste man in Danzig nur sechs Klassen Volksschule machen. Man begann mit der sechsten Klasse und kam dann bei Abschluss der Schule in die erste Klasse. Dadurch, dass ich in meiner Jugendzeit die Rote Ruhr hatte (eine Darmerkrankung, die auf die Kriegsereignisse zurückzuführen ist), war ich ein Jahr lang nicht in der Schule. Da ich aber bis zur letzten Klasse versetzt wurde, bin ich der Meinung, dass ich eine abgeschlossene Volksschulbildung habe. Ich war kein schlechter Schüler.

Nach meiner Schulentlassung habe ich zusammen mit einem Direktor in Danzig eine Handelsfirma aufgebaut. Das Aufbauen ist in organisatorischer Hinsicht so zu verstehen. Wir handelten mit Lebensmitteln, Werkzeugen, Stoffen usw. Eigentlich war ich dort Laufbursche. In dieser Firma Interpol war ich 2 ½ Jahre. Mein Vater vertrat aber den Standpunkt, dass er Bauhandwerker sei und ich ebenfalls Bauhandwerker werden müsse. Deshalb kam ich in eine Lehrstelle als Zimmerer Durch die Inflationszeit gingen aber verschiedene Firmen, bei denen ich

Lehrling war, ein, und ich konnte deshalb meine Lehre nicht abschließen. Eine Gesellenprüfung habe ich nicht gemacht, mir fehlten noch etwa 2 ½ Monate Lehrzeit. Ich musste nun versuchen, meinen Lebensunterhalt selbst zu verdienen.

Noch während ich noch in der Lehre war und gerade die letzte Firma eingegangen war, bei der ich eine Lehrstelle hatte, heiratete ich am 17. Marz 1928. Meine Frau heißt Gertrud und ist eine geborene Cohn. Wie schon angegeben, war ich nun gezwungen, für meinen und meiner Frau Unterhalt aufzukommen. Zu Anfang meiner Ehe wohnte ich noch bei meinen Eltern. Später bekam ich eine eigene Wohnung in Danzig. Ich war nun in der Folge und zwar bis 1943 ständig in Danzig und habe in verschiedenen Berufen, z. T. als ungelernter Arbeiter, Beschäftigung gefunden. Aus unserer Ehe sind zwei Kinder hervorgegangen. Ein Kind ist im Juni 1940 gestorben. Das zweite Kind ist vermutlich im November 1947 gestorben. Es waren beides Buben.

Am 01. März 1943 wurde ich zur ehem. deutschen Wehrmacht eingezogen. Ich kam zu einer Panzerjägereinheit. Ich war auch im Fronteinsatz. Ich wurde verwundet. Oberhalb des rechten Knies steckt jetzt noch ein Granatsplitter. Kurz vor Kriegsende kam ich in russische Kriegsgefangenschaft. Ich war neun Monate lang in einem Lager in Russland. Ich habe mich nach Hessen entlassen lassen. Während meiner Gefangenschaft hatte ich einen Kameraden kennen gelernt, der mir angeboten hatte, bei ihm in Haigerselbach zu wohnen. Ich war dort einige Monate und beschäftigte mich dann mit dem Aufbau des Hilfswerkes für Vertriebene. Ich war auch zeitweilig im Wohnungsausschuss bzw. in der Wohnungskommission für den Landkreis Hessen, LKr. Dillenburg. Ich hatte die Aufgabe, für Flüchtlinge Wohnungen zu beschaffen.

Im Januar 1949 wurde ich zu einem Besuch einer Familie Kunz nach Herford eingeladen. In diesem Zusammenhang lernte ich auch eine Familie Hülsmann kennen. Der Bub der Familie Hülsmann wurde durch meinen Besuch gesund. Hinter meinem Rücken und ohne meinen Willen wurde ich nun an die Öffentlichkeit gezerrt. Ich werde später noch darauf zurückkommen.

Schon in meiner frühesten Jugend fiel es den Leuten auf, dass sie etwas Besonderes empfanden, wenn ich da war. Die Leute haben mir dies auch gesagt. Sie erklärten mir, dass allein durch meine Gegenwart ihr Körper sich wohl fühle und dass sie etwas ganz Bestimmtes spüren würden, dass ihnen Besserung gebracht habe.“[85]

Aus einer Vernehmung durch die Staatsanwaltschaft Stuttgart 1955

„Die Fähigkeit anderen Menschen zu helfen habe ich schon in frühester Jugend bei mir empfunden. Verwandte und Bekannte, die in Nöten waren, haben mich damals schon öfters aufgesucht und um Rat gefragt und habe sie dann getröstet und meinen Einfluss aufgeboten, damit sie das taten, was ich für richtig hielt. Ich habe das Zimmermannshandwerk erlernt und diesen Beruf ausgeübt. Oftmals kam es vor, dass beispielsweise Arbeitskameraden, die über Beschwerden geklagt haben, an mich herangetreten sind und mir die Beschwerden geschildert haben. Ich habe dann zu ihnen gesprochen und ihnen vermittelt, wie sie mit ihren Beschwerden fertig werden konnten.

Im Jahre 1928 heiratete ich das erste Mal. Die Ehe wurde im Mai 1955 geschieden.

Ich habe in der Folgezeit in Danzig nicht nur als Zimmermann gearbeitet, sondern auch als Tischler, Maler und Schlosser. Zeitweilig arbeitete ich auch bei der Firma Siemens und bei der Post. Es war mir auch ein Anliegen, meinen Mitmenschen in einigen Fällen in Rechtsangelegenheiten beizustehen. Zum Nationalsozialismus hatte ich keine Berührungspunkte. Ich wurde einmal kurz in den NSBO aufgenommmen. Wegen meiner Ansichten wurde ich darauf aber wieder nach kurzer Zeit entlassen. 1943 wurde ich zur Wehrmacht eingezogen. Wegen meiner Auffassungen kam es zu Reibungen. Es wurde mir z. B. auch das Kriegsgericht in Aussicht gestellt, ich kam aber schließlich an die Front. Ich hatte die Äußerung getan: ‚Ob ihr mich an die Front stellt oder nicht, ich erschieße doch keinen Menschen, das kann ich nicht.’ Nach dem Zusammenbruch geriet ich in russische Gefangenschaft, die neun Monate dauerte (ab März 1945). In dem in Russland gelegenen Lager habe ich mich in jeder Weise für die gefangenen Kameraden eingesetzt. Ich war als ‚Rebell’ bekannt, weil ich mich insbesondere dafür einsetzte, dass unsere gefangenen Landser wenigstens wie Vieh behandelt werden sollten, denn die Behandlung damals war noch weit schlechter. U. a. bin ich bei der russischen Lageraufsicht dadurch bekannt geworden, dass ich einmal einen Brief an Stalin geschrieben habe, in dem ich die Zustände schilderte. Einmal wurde ich mit dem Erschießen bedroht, weil ich unbefugterweise ein Magazin mit Bekleidungs- und Ausrüstungsgegenständen für die Landser habe öffnen lassen, um diese besser auszurüsten. Schließlich wurde ich Ende 1945 entlassen. Ich begab mich nach Hessen und habe dort geholfen, das Vertriebenenhilfswerk aufzubauen. Ich gehörte auch einer Wohnungskommission an. Bei Freunden und Bekannten wohnte und lebte ich. Wieder gelang es mir, Leidenden und Kranken zu helfen.“[86]

Ein handschriftlicher Text von 1949

„Fünf Jahre hart und härtester Kämpfe hat es gekostet, bis ich meine, d. h. unsere Feinde herausgelockt und dazu genauestens studiert habe. Es gibt tatsächlich keine feindliche Stelle mehr, die mich nicht beschossen hat. Alle diese haben mich nur mit ihrem eigenen Dreck beworfen, als ich den Weg meiner Feinde vorüberzog. Es blieb mir auch nichts anders übrig, als die Sperrkette der Bösen zu durchbrechen, ein Zurück gab es nicht, nur vorwärts, aufwärts, ohne dazu müde zu werden. Was ich auf diesem Weg erlebt, will ich heute kurz schildern.

Schon seit meiner Kindheit machte ich die Feststellung, dass der gute göttliche Weg fast leer war, hin und wieder traf ich einen guten Menschen an. Dieses machte mich sehr stutzig. Ich ging weiter und weiter und musste einen weiten Waldweg durchstreifen. Hier begegnete ich keinem Menschen, dafür aber desto mehr Tieren, Tieren aller Art. Diese waren anfangs sehr ängstlich, was mich ebenfalls sehr stutzig machte. Erst jetzt kam mir die Erkenntnis zwischen Gut und Böse. Ich ging weiter und weiter und habe hierbei ein ganz klares Bild. Die Natur, die Tiere, mich und die Menschen sah ich als ein göttliches Wesen auf dieser Erde, die ich auch als göttlich empfand. Hierbei erhielt ich den Gedanken: Gott - und sagte so vor mir hin: Gott, wie ist es doch gut bei Dir, hier will ich immer bleiben. Zu Hause bei meinen Eltern, wie auch bei den anderen Menschen, ist es nicht so schön, auch nicht so ruhig. Die meisten Menschen sind sehr böse. Hier will ich bleiben und brauch’ mich vor den bösen Menschen nicht mehr zu fürchten.

Darauf wurde mir klar, dass die Tiere sich auch der bösen Menschen wegen hier im Wald aufhalten. Es dauerte nicht lange und ich fühlte mich geborgen, besser als bei den Eltern im Hause, denn hier war ich nicht so alleine. Die Tiere haben plötzlich alle Scheu vor mir verloren, wurden sehr zutraulich, kamen zu mir, ließen sich streicheln. Ich sprach zu allen Tieren. Kurz, wir haben uns sehr gut verstanden, sie begleiteten mich durch den Wald, und wir wurden immer größere Freunde.

So verblieb ich einige Tage und Nächte in dem Wald, bis ich von Menschen aufgegriffen und zu den Eltern gebracht wurde. Hier erhielt ich sehr viel grobe Schläge und wurde zu alledem in ein Zimmer eingesperrt. Der Schläge wegen habe ich niemals weinen können, da ich die Schläge nicht als Schmerz empfand, obwohl der Körper manchmal blau und grün geschlagen wurde. Jedenfalls dauerte die Gefangenschaft im Elternhause nicht lange, da ich sehr schnell und oft mich aus dieser befreite. Der Wald und meine Freunde, die Tiere, waren so stark, dass sie mich immer wieder zu sich anzogen. Zwischendurch erhielt ich öfters den Gedanken im Walde: Sind die Menschen nicht auch deine Freunde? Ja, warum laufe ich denn immer von den Menschen? Wieder eine Erkenntnis: Die Tiere fürchten das Böse in den Menschen, aber ich fürchte mich nicht, denn ich bin stärker als das Böse. Dass ich stärker bin, will ich allen Menschen zeigen. So klein auch noch mein Körper war, aber ich fühlte mich einfach stärker als alle Menschen.

Von hier ab, mein Körper war gut 2 ½ Jahre alt, zog es mich zu den Menschen, die von dem Bösen überwältigt waren. Das Böse hatte den Körper, was Menschen Krankheit nennen, abgebaut und wieder kam ein Gedanke, als ich vor einem kranken Menschenkörper stand: Aus dem Körper einiger Tiere ist doch die Krankheit verschwunden, als ich leise vor mir sagte: ‚Liebes Tierlein, du wirst bald wieder einen gesunden Körper haben.' Und so geschah es auch. Beim Menschen ist es doch nichts anderes. Als der Gedanke bei mir festlag, wurde der Körper des Menschen frei von allen Beschwerden. So wurde ich laufend von Kranken direkt angezogen, denn in allen Wohnungen, wo ich plötzlich auftauchte, waren kranke Menschen, zu denen ich immer wieder nur sagte: Du bist doch nicht mehr krank. Oder aber, wenn einige von diesen sagten: Er wird sterben, da sagte ich kurz: Nein, der stirbt noch lange nicht, gesund wird er werden! Bei jedem Kranken war ich nur ganz kurz, indem ich mich dem Kranken näherte und das schon Erwähnte kurz und leise dem Kranken sagte, worauf ich jedes Mal blitzschnell verschwand.

Von diesem Zeitpunkt an sind aus den Gedanken auch die Erkenntnisse, der Glaube entstanden und dieser hat Wurzeln gefasst, ist immer größer und stärker geworden, den mir heute erst recht kein Mensch mehr nehmen kann.“ [87]

Aus einem Schriftsatz vom 02. Juli 1950

„Dass mein öffentliches Wirken ab März 1949 viele Menschen in Erstaunen versetzte, ist mir klar. Viele fragten sich: Warum ist Gröning nicht schon früher aufgetaucht? Meine Antwort ist, dass ich ja schon 43 Jahre lebe und dass ich das, was ich jetzt öffentlich wirke, schon seit meiner Kindheit getan habe. Nur habe ich von jeher alles getan, um nicht in die Öffentlichkeit gezerrt zu werden. Ich hatte schon viel früher versucht, jeweils in einem kleinen Kreis, die Menschen dahin aufzuklären, dass ich einen Menschen kenne (ich sprach damals nicht davon, dass ich dies sei, sondern schob meine Fähigkeit einem unbekannten Dritten zu), der, ohne Medizin erlernt zu haben, aus eigener Kraft fast alle Kranken heilen könne. Meine Zuhörer hielten mich aber immer für einen Spinner, nur ganz wenige haben mich damals verstehen können.

Von Zeit zu Zeit hatte ich die Gelegenheit, einen Kranken anzutreff-fen und diesem, ohne dass er etwas davon merkte, durch Worte, Berühren eines kranken Körperteiles oder Gliedes oder einem ihm von mir übergebenen Gegenstand, die Krankheit zu nehmen. Später merkte ich, dass ich zur gleichen Zeit nicht nur einem einzelnen, sondern auch mehreren Kranken zu helfen imstande war und dass diese, sagen wir Behandlungsart, für mich gar nicht schwierig war. In aller Stille arbeitete ich laufend weiter und kaum einer meiner Versuche blieb erfolglos. Der kleine Kreis von Menschen, zu denen ich damals kam, war natürlich verblüfft und konnte es nicht fassen, was hier vor sich ging. Verstandesgemäß ist es auch nicht zu erfassen.

Kranke, die Hilfe von mir erhalten hatten, erkannten und bezeugten die Tatsache, ohne eine Erklärung geben zu können. Die Zeit und mit ihr die Häufung der Heilungen machten mich zu einem ‚Großsender'. Immer mehr Menschen empfingen die Heilwelle. Ich glaube, von mir aus behaupten zu können, dass jeder eine Empfangsstation für diese Welle besitzt, nur muss der Mensch wissen, was er empfangen will. Sicher gab es auch früher kleine Heilsender, nur waren sie meines Erachtens in ihrer Kraft beschränkt, wurden nicht entfaltet, sondern infolge ihrer Schwäche verdrängt und bauten auch ab.

Um mich kurz zu fassen, möchte ich vergleichsweise sagen, dass ich das Empfangsgerät beim Menschen ausfindig gemacht habe und imstande bin, den menschlichen Organismus sozusagen zu überholen. Für Menschen, die von mir geheilt wurden, ist dies eine Selbstverständlichkeit wie das Radio."

Eidesstattliche Erklärung des Vaters

„Als Vater meines Sohnes Bruno Gröning, geb. 30. Mai 1906, erkläre ich hiermit unter Eides statt, dass sich bei der Geburt dieses Kindes herausstellte, dass es ein Kind mit besonderen Eigenschaften werden würde. Dieses hat sich in den späteren Jahren auch erwiesen. Viele Angehörige sowie Bekannte bestätigten diesen Sonderfall.

Schon als Kind ereigneten sich Vorgänge, als wenn er seine besonderen Eigenschaften an Tieren ausprobierte. U. a. nahm er eine Uhr, die der Uhrmacher nicht mehr in Ordnung bringen konnte, zwischen seine Hände, und die Uhr ging sofort wieder. Sogar besondere Ereignisse konnte er im Voraus sehen und sagen, Anfang und Ende des Krieges 1914-18. Auch den Tod seiner Mutter sah er im Voraus. Ebenso auch den Anfang des Krieges 1939-45, dass sein Vater und Geschwister nach der Kapitulation Haus und Heimat verlassen mussten, wo sie alle nach langem Umherirren sich wiedertreffen würden. Alles hat er gesehen und vorausgesagt. Hinzu kommt noch eine Eigenschaft, die es ihm ermöglichte, Menschen von Krankheiten und Leiden zu heilen. Eine Unmenge von Dankschreiben und eidesstattlichen Erklärungen bringen ihm den Beweis, dass diese Eigenschaft ihm von Gott eingegeben ist.

Ich selbst war von einem schweren Leiden befallen, so dass mich die Ärzte schon aufgegeben hatten. Eine kurze Behandlung durch meinen Sohn Bruno genügte, um mich wieder ganz gesund zu machen. Um alle sonst fast unglaublichen Dinge von meinem Sohn zu schildern, wäre das größte und stärkste Buch zu klein, um alles darin niederzuschreiben.

Vorstehendes gebe ich hiermit eidesstattlich bekannt."[88]

Eidesstattliche Erklärung eines Nachbarn

„Ich, der Ernst Fritz Hans Kohn [...] erkläre hierdurch an Eides statt, dass Herr Bruno Gröning [...] während unseres Bekanntseins als Nachbarn [...] am Beginn des 2. Weltkrieges im Jahre 1939 in meiner Wohnung in Danzig-Langfuhr, Magdeburger Str. 77, Folgendes erklärte:

‚Ernst, der Krieg wird sich über eine lange Zeit erstrecken, Polen wird unterliegen, ebenso schnell Frankreich. Deutschland wird durch seine Eroberungen aber nicht größer, sondern kleiner werden. Man teilt Deutschland auf.' Dann zeigte er mir die Zonengrenzen, wie sie heute tatsächlich verlaufen.

Herr Bruno Gröning hat schon früher vielen Menschen durch seine Strahlung geholfen und Prognosen gestellt, die stets zutrafen. Er sagte meiner Mutter sogar ihren Tod voraus.

Bruno Grönings Heilkraft habe ich schon in ihrer Wirkung in den Jahren unserer Nachbarschaft in Danzig-Langfuhr verspürt. Ich bin oft von Schmerzen befreit worden. Auch meine Ehefrau, Frieda Kohn, geb. Pettke, kann das bezeugen, die nach unserer Heirat im Jahre 1940 Herrn Bruno Gröning kennen lernte.

Die Bedeutung einer eidesstattlichen Erklärung ist mir bekannt."[89]

Eine Geheilte aus Danzig

„Herrn Gröning kenne ich seit 1928 aus Danzig, welche meine Heimatstadt ist. Herr Gröning hat sich schon damals für geistige Dinge interessiert und Menschen geholfen und geheilt. Mir sind ungefähr 20 Fälle bekannt, die auch Erfolg hatten. Ich selbst bin auch darunter gewesen. 1932 bekam ich eine Mandelentzündung, und ich hatte zwei Ärzte zur Hilfe. Beide gaben die Hoffnung auf. Der 1. Arzt war Dr. Hollatz, Danzig-Langfuhr, Neuer Markt 12, und Dr. Hewilke, Langfuhr. Herr Bruno Gröning erschien bei mir im Zimmer und blieb eine Weile drin, gab mir ein Stückchen Brot zum Essen, welches ich aber nicht essen konnte. Darauf sagte er zu meinem Mann, heute Abend 8 Uhr wird es sich entscheiden. Am anderen Morgen erschien Dr. Hollatz mit den Worten: ‚Hier ist ein Wunder geschehen!' Von dieser Zeit an leide ich nicht mehr an einer Halskrankheit. Auch kann ich viele Beweise geben, wo Herr Gröning Kindern geholfen hat, z. B. spinale Lähmung und die nicht hören und sehen konnten. In allen Fällen hat es geklappt. Wir selbst und die Leute, denen er geholfen hatte, standen und stehen noch heute vor einem Rätsel. Wir haben früher immer uns den Kopf zerbrochen, wie so etwas sein kann. Mein Ehemann hat mit Herrn Gröning Tag und Nacht geistig gearbeitet, um zum Ziel zu kommen. Herr Gröning hat außerdem sich noch mit Sachen beschäftigt, die vielleicht hier gar nicht zur Sache gehören. Aber trotzdem möchte ich sie erwähnen. Zum Beispiel hat er sich mit Radioapparaten, Autos befasst. Er hat das Radio nicht berührt und es ging auf seinen Wunsch aus. Radioröhren, die wirklich kaputt waren, hat er wieder zum Arbeiten gebracht.

Durch den Krieg kamen wir dann auseinander. Die letzte Post erhielten wir aus einem Krankenhaus Kolberg 1944. Von da fehlte jede Spur von ihm. Wir dachten schon, er sei tot. Plötzlich, unerwartet, fiel mir am 18 Mai 1949 die Westdeutsche Zeitung in die Hände, in der ich feststellte, dass Bruno Gröning seine Arbeit, die er damals vor 18 Jahren ausgeführt hatte, nicht vergebens war. Ich wollte es aber nicht glauben und hatte meinen Sohn Waldemar nach Herford geschickt, der am Freitag, den 20. Mai 1949 zurückkam und sagte: ‚Du musst mal hinfahren und Onkel Bruno besuchen', was ich sofort tat. So, wie er mein Leben gerettet hat, kann er bestimmt vielen tausenden Menschen helfen, ob arm oder reich, es ist alles gleich. Ich bin Herrn Gröning zu größtem Dank verpflichtet, und viele werden es auch sein, deshalb bitte ich von ganzem Herzen, Herrn Bruno Gröning die Lizenz zum Arbeiten zu geben."[90]

Anmerkungen

1 Revue Nr. 30/49 (04. September 1949), S. 11.

2 Revue Nr. 29/49 (28. August 1949), S. 11.

3 Georg Gröning: Wer ist Bruno Gröning? Mitteilung des Bruders, S. 5, BG-A.

4 Eidesstattliche Erklärung August Grönings vom 26. Juni 1949, BG-A.

5 Georg Gröning: Wer ist Bruno Gröning? Mitteilung des Bruders, S. 5, BG-A.

6 Egon Arthur Schmidt: Die Wunderheilungen des Bruno Gröning. Zitiert nach Grete Häusler: Hier ist die Wahrheit an und um Bruno Gröning, S. 56.

7 Egon Arthur Schmidt: Die Wunderheilungen des Bruno Gröning. Zitiert nach Grete Häusler: Hier ist die Wahrheit an und um Bruno Gröning, S. 56.

8 Bruno Gröning, Lebenslauf vom 27. Dezember 1956, BG-A.

9 Nervenfachärztliches Gutachten, Freiburg, 09. Februar 1957, S. 9.

10 Revue Nr. 30/49 (04. September 1949), S. 11.

11 Bericht von Elisabeth Marbach vom 26. September 1957, BG-A.

12 Revue Nr. 30/49 (04. September 1949), S. 11.

13 Georg Gröning: Wer ist Bruno Gröning? Mitteilung des Bruders, S. 6, BG-A.

14 Aus einem handschriftlichen Text Bruno Grönings aus dem Jahr 1949, BG-A.

15 Vortrag Bruno Grönings in Schleswig Holstein 19??, BG-A.

16 Aus einem handschriftlichen Text Bruno Grönings aus dem Jahr 1949, BG-A.

17 Aus einem handschriftlichen Text Bruno Grönings aus dem Jahr 1949, BG-A.

18 Kurt Trampler: Die große Umkehr, Seebruck am Chiemsee, 1950, S. 86 f.

19 Artikelserie Bruno Gröning - sein Wort bannt die Krankheit, Das Neue Blatt, 1957, Folge 6.

20 Aus einem Interview mit Sylva Nohara vom 06. August 1995.

21 Bruno Gröning, Lebenslauf vom 27. Dezember 1956, BG-A.

22 Vernehmung durch die Kriminalpolizei Stuttgart am 31. Januar 1955, BG-A.

23 Egon Arthur Schmidt: Die Wunderheilungen des Bruno Gröning. Zitiert nach Grete Häusler: Hier ist die Wahrheit an und um Bruno Gröning, S. 56 f.

24 Egon Arthur Schmidt: Die Wunderheilungen des Bruno Gröning. Zitiert nach Grete Häusler: Hier ist die Wahrheit an und um Bruno Gröning, S. 57.

25 Egon Arthur Schmidt: Die Wunderheilungen des Bruno Gröning. Zitiert nach Grete Häusler: Hier ist die Wahrheit an und um Bruno Gröning, S. 57 f.

26 Eidesstattliche Erklärung von August Gröning vom 26. Juni 1949, BG-A.

27 Georg Gröning: Wer ist Bruno Gröning? Mitteilung des Bruders, S. 6, BG-A.

28 Egon Arthur Schmidt: Die Wunderheilungen des Bruno Gröning. Zitiert nach Grete Häusler: Hier ist die Wahrheit an und um Bruno Gröning, S. 58.

29 Georg Gröning: Wer ist Bruno Gröning? Mitteilung des Bruders, S. 7, BG-A.

30 Egon Arthur Schmidt: Die Wunderheilungen des Bruno Gröning. Zitiert nach Grete Häusler: Hier ist die Wahrheit an und um Bruno Gröning, S. 57.

31 Artikelserie: Bruno Gröning - sein Wort bannt die Krankheit, Das Neue Blatt, 1957, Folge 6.

32 Kurt Trampler: Die große Umkehr, Seebruck am Chiemsee, 1950, S. 87.

33 Zitiert nach Grete Häusler: Hier ist die Wahrheit an und um Bruno Gröning, S. 59.

34 Kurt Trampler: Die große Umkehr, Seebruck am Chiemsee, 1950, S. 87.

35 Lebenslauf Bruno Grönings vom 27. Dezember 1957, BG-A.

36 Vernehmung durch die Kriminalpolizei Stuttgart am 31. Januar 1955, BG-A.

37 NSBO: Nationalsozialistische Betriebszellenorganisation, eine Art NS-Gewerkschaft.

38 Vernehmung Bruno Grönings, Staatsanwaltschaft Stuttgart, 06. September 1955, BG-A.

[39] Egon Arthur Schmidt: Die Wunderheilungen des Bruno Gröning. Zitiert nach Grete Häusler: Hier ist die Wahrheit an und um Bruno Gröning, S. 58.

[40] Aus einem Interview mit Georg Gröning vom 27. September1992.

[41] Eidesstattliche Erklärung von August Gröning vom 26. Juni 1949, BG-A.

[42] Erklärung über das Vorleben Bruno Grönings von Charlotte Adam, 21. Mai 1949, BG-A.

[43] Niederschrift Bruno Grönings vom 02. Juli 1950, BG-A.

[44] Eidesstattliche Erklärung von Ernst Kohn vom 18. Juni 1955, BG-A.

[45] Eidesstattliche Erklärung von August Gröning vom 26. Juni 1949, BG-A.

[46] Max Bruhn: Die Wahrheit über Bruno Gröning - aus seiner Heimat. Schriftsatz vom 31. Mai 1955, BG-A.

[47] Revue Nr. 30, 04. Sepember 1949.

[48] Revue Nr. 30, 04. Sepember 1949.

[49] Lebenslauf vom 18. Juni 1952, BG-A.

[50] Revue Nr. 30, 04. Sepember 1949.

[51] Kurt Trampler: Die große Umkehr, Seebruck am Chiemsee, 1950, S. 87.

[52] Aus einem Vortrag bei einer Tagung des Bruno Gröning-Freundeskreises.

[53] Revue Nr. 30, 04. Sepember 1949.

[54] Interview mit Erich Kuhlmann vom 07. April 1995.

[55] Interview mit Erich Kuhlmann vom 07. April 1995.

[56] Kurt Trampler: Die große Umkehr, Seebruck am Chiemsee, 1950, S. 87.

[57] Vernehmung Bruno Grönings, Staatsanwaltschaft Stuttgart, 06. September 1955, BG-A.

[58] Kurt Trampler: Die große Umkehr, Seebruck am Chiemsee, 1950, S. 87.

[59] Artikelserie: Bruno Gröning - sein Wort bannt die Krankheit, Das Neue Blatt, 1957, Folge 6.

[60] Kurt Trampler: Die große Umkehr, Seebruck am Chiemsee, 1950, S. 87.

[61] Lebenslauf vom 18. Juni 1952, BG-A.

[62] Interview mit Michael Pfitzmaier vom 09. April 1995.

[63] Ausweis Hilfsdienst, BG-A.

[64] Interview mit Kurt Habicht vom 23. März 1996.

[65] Interview mit Erich Kuhlmann vom 07. April 1995.

[66] Interview mit Erich Kuhlmann vom 07. April 1995.

[67] Interview mit Kurt Habicht vom 23. März 1996 und mit Herbert Blecher vom 23. März 1996.

[68] Interview mit Herbert Blecher vom 23. März 1996.

[69] Interview mit Fritz Weber vom 23. März 1996.

[70] Interview mit Fritz Weber vom 23. März 1996.

[71] Interview mit Fritz Weber vom 23. März 1996.

[72] Interview mit Fritz Weber vom 23. März 1996.

[73] Lebenslauf vom 18. Juni 1952, BG-A.

[74] Später hat es Bruno Gröning sehr geschadet, dass sein Tun und Wirken mit den Vokabeln der ärztlichen Tätigkeit belegt und damit der Eindruck erweckt wurde, er übe eine ärztliche Tätigkeit aus. Im weiteren Verlauf der Biographie werde ich noch ausführlicher auf diesen Aspekt eingehen.

[75] Eidesstattliche Erklärung von Elisabeth Janssen, BG-A.

[76] s. o. (Anmerkung 74).

[77] Bescheinigung vom 03. März 1949, BG-A.

[78] s. o.

[79] s. o.

[80] Erklärung vom 23. Februar 1949 von Winkels, BG-A.

[81] s. o.

[82] Hier gilt das Gleiche wie für den Begriff der Behandlung.

[83] Eidesstattliche Erklärung von Ferdinand Kleinholz jr. vom 24. Februar 1949, BG-A.

[84] Lebenslauf Bruno Grönings vom 27. Dezember 1956, BG-A.

[85] Vernehmung durch die Kriminalpolizei Stuttgart am 31. Januar 1955, BG-A.

[86] Vernehmung Bruno Grönings, Staatsanwaltschaft Stuttgart, 06. September 1955, BG-A.

[87] Ein handschriftlicher Text Bruno Grönings aus dem Jahr 1949, BG-A.

[88] Eidesstattliche Erklärung von August Gröning vom 26 Juni 1949, BG-A.

[89] Eidesstattliche Erklärung von Ernst Kohn vom 18. Juni 1955, BG-A.

[90] Erklärung über das Vorleben Bruno Grönings von Charlotte Adam vom 21. Mai 1949, BG-A.

BUCHEMPFEHLUNGEN

Grete Häusler
Hier ist die Wahrheit an und um Bruno Gröning
272 S. brosch. ISBN 3-9801302-0-7

Grete Häusler konnte sich in fast neunjähriger Mitarbeit von der Rechtschaffenheit Bruno Grönings überzeugen. Mit diesem Buch will sie ihn rehabilitieren. Sie widerlegt Lügen und Verleumdungen und stellt die Wahrheit an und um den umstrittenen „Wundermann" heraus. Sie zeigt auf, wer er war, aber auch, wer ihn bekämpfte, wie er wirkte und warum man genau das verhindern wollte.

Grete Häusler / Thomas Eich
Ich lebe, damit die Menschheit wird weiterleben können
168 S. brosch., ISBN 3-933344-39-5
7. völlig neu bearbeitete Auflage

Dieses Taschenbuch beinhaltet eine kurze Biographie über das Leben Bruno Grönings. Es wird verdeutlicht, wie seine Person im damaligen Zeitgeschehen zu sehen war und was für ein Aufsehen aufgrund seiner Heilerfolge in der Öffentlichkeit zustande kam. Die Bedeutsamkeit seines „Hierseins" und der zeitlose Gehalt seiner Lehre wurden dabei beeindruckend herausgearbeitet.

Matthias Kamp
Bruno Gröning – Revolution in der Medizin
Eine ärztliche Dokumentation
563 S. brosch. ISBN 3-927685-20-8

Die Heilungen, die durch Bruno Gröning bewirkt wurden, erregten in den 50er Jahren die Gemüter von Millionen. Sein Lebensweg endete 1959, aber seine Worte „Es gibt kein Unheilbar, Gott ist der größte Arzt" beweisen bis heute ihre Gültigkeit durch ärztlich dokumentierte Heilungen. Tausende erleben aktuell Hilfe und Heilung durch seine Lehre. Der Autor, von Beruf Arzt, hat selbst viele Heilungen überprüft und erkennt nach jahrelangen Recherchen im Wirken Grönings eine „Revolution in der Medizin".

Thomas Eich
Das Wirken Bruno Grönings
zu seinen Lebzeiten und heute
308 S. brosch.; ISBN 3-927685-43-7

Kaum ein Name erregte in den fünfziger Jahren so die Gemüter wie der Bruno Grönings. Für die einen war er die letzte Hoffnung, für die anderen eine große Gefahr. Aber wer war er wirklich? Bruno Gröning, ein Phänomen, dem es sich nachzugehen lohnt.

Das Phänomen Bruno Gröning -
Auf den Spuren des „Wunderheilers“
2 Trailer zum Kinofilm
DVD: Nr. 313.01 - VHS: ISBN 3-933344-23-9
Spieldauer: ca. 34 Minuten

Im Frühjahr 1949 strömten Tausende ins westfälische Herford. Im Herbst des gleichen Jahres zog es bis zu 30 000 Menschen täglich zum Rosenheimer Traberhof. Ein Elendsheer von Kranken und Leidenden. Sie hatten nur ein Ziel: Bruno Gröning. Für viele war er die letzte Hoffnung. Vom Krieg geschlagen, von Ärzten aufgegeben, kannten diese Menschen nur noch einen Wunsch: gesund zu werden, frei von Not und Schmerzen. Bruno Gröning sollte ihnen helfen. „Das Phänomen Bruno Gröning“ zeichnet die dramatischen Ereignisse jener Zeit nach und begibt sich auf die Spuren eines ungewöhnlichen Mannes. Diese Trailer geben einen kurzen Einblick und beleuchten schlaglichtartig die einzelnen Stationen im Wirken Bruno Grönings.

Ich will nur helfen und heilen
Das Leben Bruno Grönings für Kinder, Jugendliche und Erwachsene; Thomas Eich
116 S. brosch. ISBN 3-933344-54-9

Dieses Buch beschreibt das Leben Bruno Grönings - sein Wirken, seine Taten, seine Kämpfe. In einfachen Worten werden die einzelnen Stationen seines Hierseins dargestellt, so dass es auch Kindern einen schönen Einblick in das Leben eines Mannes gibt, der nur eines wollte: helfen und heilen.

Das Leben Bruno Grönings
CD / Best.-Nr. 312.11
Doppel-MC / Best.-Nr. 310.12
Vortrag von Thomas Eich und Burkhard Pesch
Silvesterabend 2002 im Rahmen der Schulungswoche des Bruno Gröning-Freundeskreises, inkl. 45 Minuten Originalfilmmusik aus dem Kino-Dokumentarfilm „Das Phänomen Bruno Gröning – Auf den Spuren des ‚Wunderheilers'". Musik: Burkhard Pesch

Bruno Gröning war eine der bekanntesten Persönlichkeiten der deutschen Nachkriegsgeschichte. 1949 strömten Zehntausende Menschen zu seinen Wirkungsstätten. Unzählige Heilungen geschahen. Lahme, Blinde, Stumme wurden gesund. Aus aller Welt kamen die Hilfesuchenden. Es spielten sich Szenen ab, wie es sie in unserer Zeit noch nie gab. Noch heute haben Zeitzeugen Tränen in den Augen, wenn sie von den damaligen Geschehnissen berichten ...

Der vorliegende Vortrag wurde gehalten am Silvesterabend 2002 im Rahmen einer Schulungswoche des Bruno Gröning-Freundeskreises. Er bildete den Übergang ins Jahr 2003. Ein Jahr, das im Freundeskreis ganz im Zeichen des Kinodokumentarfilms „Das Phänomen Bruno Gröning – Auf den Spuren des ‚Wunderheilers'" stand. Im Laufe des Abends hielten Thomas Eich, Co-Regisseur, und Burkhard Pesch, Komponist, einen Dia-Vortrag über die Entstehung dieses Films. Anschließend berichtete Thomas Eich über das Leben Bruno Grönings.

Der Abend war geprägt von zwei Weltpremieren. Zum einen wurde die Filmmusik zum ersten Mal vor größerem Publikum aufgeführt. Zum anderen wurden um Punkt Mitternacht mit einem 22-minütigen Trailer die ersten Ausschnitte des Films öffentlich gezeigt. Die Mehrzahl der über 1000 Freunde aus aller Welt - es wurde in verschiedene Sprachen simultan übersetzt - war sehr ergriffen. Viele sagten, es sei der schönste Silvesterabend ihres Lebens gewesen. Das haben wir zum Anlass genommen, die Vorträge dieses Abends hier wiederzugeben.